体育がきらい

坂本拓弥 Sakamoto Takuya

★——ちくまプリマー新書

437

目次 ＊ Contents

はじめに

「体育ぎらい」への変なメッセージ？

みなさん、こんにちは。坂本拓弥です。私は普段、大学で体育やスポーツを教えたり研究したり（学生と一緒に遊んだり）しています。特に「体育哲学」という、ほとんどの人は見たことも聞いたこともない学問を専門にしています。体育哲学は「体育とは何か？」といった問いに、哲学的な立場から迫ろうとする学問です。私はこれまで、体育の授業において、子どもたちや先生が「からだとしてどのように生きているのか」について研究してきました。この「カラダトシテイキル」という呪文のようにも見える言葉については、本書の中で詳しく説明していきたいと思います。

とにもかくにも、まずは、『体育がきらい』というタイトルの本書を手に取ってくださり、ありがとうございます。このタイトルに「ピンときた」ということは、みなさんは「体育が嫌い」ということについて、何かしらの興味や関心を持っているのだと思います。もちろん、その興味や関心の中身は、人によってさまざまだと思います。

たとえば、この本を手に取っているみなさん自身が、まさに「体育が嫌い」という場合があるでしょう。この本が第一に想定している読者は、そのような「体育ぎらい」の人たちです。

と言っても、身構える必要はありません。この本は、「体育ぎらいはマズい！　なんとかして好きにさせなくてはっ！」という、体育の先生の熱いメッセージを書き連ねていく本ではありません。もちろん、私も一人の体育の先生ではあるのですが、本書の基本的なスタンスは、そのようなメッセージとは、ある意味で真逆のものです。

「体育」なんて好きにならなくてもいい。

これが、本書の基本的なメッセージでありスタンスです。ちょっと強気に出た感は否めませんが、決して嘘《うそ》ではありません。もちろん、「だから体育なんてどうでもいい」ということを言いたいわけではありません。このメッセージの真意は、本書を通して、読者のみなさんに少しずつ伝わっていくようにしたいと思います。その意味で、この本は、一人の少し（かなり？）変わった体育の先生からの、「体育ぎらい」の人に向けた、やはり少し変わったメッセージとして受け取ってもらえればうれしいと思う次第です。

また、「体育ぎらい」の当事者でなくとも、次のような方々にも、ぜひ本書を読んでほしいと思っています。たとえば、まわりに「体育ぎらい」がいる人。具体的には、学校で体育の授業を実践する先生方や、将来先生になりたい人が該当すると思います。場合によっては、「体育ぎらい」の子どもを持つ保護者の方も、似たような関心を抱いているかもしれません。これらの場合、「なぜ体育が嫌いなのか？」という問いは、「体育ぎらい」の当事者にとってと同じくらい、深刻な問題として存在しているはずです。このような問いに頭を悩ませている人にとって、「体育ぎらい」についての理解が少しでも深まるように本書の内容を構想しました。

ちなみに、「自分は体育が大好きです！」という人も、本書を手に取ってくださるかもしれません。そのような人にとって、本書は一見すると関係がないように見えますが、「なぜ自分は体育が好きなのか？」について、真剣に考えてみたことのある人は案外少ないかもしれません。その理由を改めて深く知るきっかけを、本書にちりばめておきました。それらはきっと、体育をもっと好きになるための手がかりになるはずです。つまり、本書は「体育好き」の人をも想定した、欲張りな本なのです。

もちろん、なんとなく本書を手に取ってくださった方も大歓迎です。おそらく多くの人は、小学校や中学校などで体育の授業を実際に経験しているはずです。体育と無関係であった人はいない、と言っても過言ではないかもしれません。その記憶を振り返りながら本書を読んでいただければ、そこで行われていた、あんな活動やこんな活動に一体どのような意味や背景があったのかを、理解することができると思います。そして、それによって「体育」のイメージを少しでも変えていただければ、うれしい限りです。

これまでの体育ぎらい本との違い

ところで、「体育ぎらい」に関する本は、これまでにも出版されてきました。たとえば、ちょうど四〇年前の一九八三年には、『体育ぎらいの子』（中森孜《なかもりし》郎《ろう》、岩波書店）という本が出版されています。この本は、体育の研究者と小学校の先生によって書かれているため、実践的な内容も多く、今読んでも学ぶことが多いです。このほかにも、「体育ぎらい」については本や論文がいくつも書かれてきました。

ただし、それらと本書との違いを考えてみると、大きく異なる点を一つ指摘できます。それは、これまでの「体育ぎらい」に関する多くの本が、小学生や中高生に対して「体育を好きにさせる」ことを目指していたという点です。言い換えると、「体育ぎらい」を「体育好き」に変えることがよいことであると考えられ、それが暗黙の前提になっていたということです。

もちろん、体育の授業をよりよくするために、それはそれで間違いなく重要なことです。私も体育の先生のはしくれですので、子どもたちを「体育好き」にさせたい気持ちはよ〜くわかります。

でも、少し立ち止まって考えてみると、そのような気持ちは本当に「体育ぎらい」のことを考えたものだったのでしょうか。自戒も込めて少し厳しい言い方をすると、それは「体育ぎらい」のことを考えているように見えて、実際は、私たち大人の側の思いや都合で、子どもたちを「体育好き」にさせようとしていたのではないでしょうか？

このような問題意識が、本書の背景にはあります。そのため、本書は「体育を好きにさせたい」という思いを、あえて、一旦我慢する作戦をとります。その前提抜きで、「体育ぎらい」の原因や背景について、改めて正面から考えてみたいと思います。この試みは、「体育を好きにさせる」ことの意味を否定するものでは、もちろんありません。むしろ、そのことの意味を適切に理解するためにも、まずは「体育ぎらい」の正体をしっかりと明らかにすることが必要なはずです。そして、そのように考えるからこそ、本書は「「体育」なんて好きにならなくてもいい」という、ちょっと過激なスタンスをとって始まることになるわけです。

「嫌い」と「好き」のあいだ

……といったように、本書の基本的なスタンスを宣言したわけですが、先ほど述べたように、これは単に「体育なんてどうでもいい」ということを意味しているわけではありません。「えっ？　だまされた……」と思った人もいるかもしれませんが、（だまされたつもりで）もう少しお付き合いください。

「「体育」なんて好きにならなくてもいい」と言いながら、「「体育」なんてどうでもいいわけではない」と言うことは、矛盾しているように見えるかもしれません。しかし、このように主張する背景には、私たちが多くの場合、体育について「嫌い」か「好き」かの二つの選択肢しか持っていないのではないか、という問題意識があります。それは、そのような二項対立として体育を捉えてしまう、私たちの思考回路そのものについての疑問です。このことを明確にするために、一つの例を挙げてみたいと思います。

(個人的な話で恐縮ですが)私の妻はよく、自分の知人や友人がどんな人なのかを説明する際に、「いい人だよ」とか「悪い人じゃないよ」と言います。そこで、私の頭には「?」が浮かびます。なぜかというと、「「いい人」とか「悪い人じゃない」と言うけれど、世の中に本当に悪い人なんてそんなにいないわけで、ほとんどがいい人でしょ」と思うからです。つまり、何が言いたいかというと、「いい人だよ」とか「悪い人じゃないよ」という説明は、実際はなんの説明にもなっていないということです(こうして私たち夫婦の会話は荒涼としていくわけです……)。

ここで重要なことは、「いい人」と「悪い人」の「あいだ」に、多様なヴァリエーションやグラデーションがあることです。このことは、本書のテーマである「体育ぎらい」についても、まったく同じように考えることができます。

私の印象では、「体育ぎらい」に関する議論や世間話、またネットでの意見などには、体育が「嫌い」か「好き」かの二つの立場しかないように感じます。そして、問題はここにあります。つまり、「体育ぎらい」とは、「体育が好きではない人の総称」になってしまっているわけです。しかし、そのような分け方は適切なのでしょうか。

先ほどの、私たち夫婦の会話を思い出してみてください。そこで私は、「いい人」と「悪い人」以外の説明を求めていました。それと全く同じように、「体育ぎらい」についても、体育が「嫌い」か「好き」か以外の選択肢を用意することが求められるのではないでしょうか。

このことは、もっと一般的な例で考えてみても明らかだと思います。たとえば、みなさんにも「好きな人」と「嫌いな人」以外の、その「あいだ」に位置する知人や友人がいるのではないでしょうか。むしろ、その「あいだ」に位置する人の方が、現実的には多いとさえ言えます。それは、「気の合う人」であったり、「とっつきにくいけど信頼できる人」であったり、はたまた「面白い人」であったりするでしょう。つまり、私たちと他者との関係は、「好き」と「嫌い」といった二択では到底捉えきることのできない、豊かなヴァリエーションやグラデーションを持っているということです。

本書で試みたいことは、体育の「嫌い」と「好き」の「あいだ」にも、そのような豊かなヴァリエーションやグラデーションがあることを、読者のみなさんに見せることです。もう少し欲張って言えば、その豊かさを、読者のみなさんと共有することです。そのために、本書は六つの章を通して、「体育ぎらい」にかかわるさまざまなトピックに触れていきたいと思います。

「「体育」なんて好きにならなくてもいい」というメッセージの背景には、このような意図もあるということを頭の片隅に置いて、本書を読み進めてもらえればうれしいです。そうすれば、みなさんの「体育」に対する見方が、少しずつ変わっていく可能性が拓《ひら》かれるはずです。

では、早速始めていきましょう。

第一章　「体育ぎらい」のリアル

本章では、「体育ぎらい」と呼ばれるものの輪郭を、まずは大雑把《ざっぱ》につかんでいきます。それを踏まえて、次章以降ではより具体的な場面や事例に着目して、「体育ぎらい」が生まれる原因や背景を、一つずつ、丁寧にひも解いていってみたいと思います。

嫌いな教科第三位

「体育ぎらい」についてのあるデータの話から始めてみましょう。二〇二一年八月に、小学生とその保護者、計一二〇〇組を対象に実施されたアンケートによると、体育は、好きな教科ランキングで算数（二〇・〇％）に次ぐ第二位（一七・八％）であった一方、嫌いな教科の第三位（七・七％）にも、堂々のランクインを果たしています。[1]この七・七％という数字は、第四位の社会（三・九％）のほぼ倍です。この調査結果に限って言えば、現代の小学生にとって体育は、算数（二四・六％）と国語（一九・四％）に次いで、三番目に嫌いな教科になっているということです。みなさんの実感では、この結果はどのように感じられるでしょうか。

この調査は、ほぼ毎年行われています。前年の二〇二〇年八月の調査でも、体育は嫌いな教科の第三位（六・八%）でした。さらに遡って確認すると、少なくとも二〇一三年以降、体育はずっと、嫌いな教科第三位の位置を安定してキープしていることがわかります。

ちなみに、一九八九年に実施された同様の調査では、現在とはだいぶ異なった結果が示されています。[2]まず、好きな教科では、なんと体育が栄えある第一位となっており、その割合も七六・二%と、非常に高い数字が示されています。また、さらに注目すべきは、嫌いな教科ランキングでは、体育はなんとなんと第八位で最下位、つまり「最も嫌われていない教科」になっていました。

しかし、この一九八九年の結果と二〇二一年の結果を並べてみると、不思議な点もあります。というのも、この三〇年の間、体育の授業の内容やその指導法などについては、小学校や中学校をはじめとした各種学校の先生、そして研究者の、日々の奮闘努力によって、明らかに改善されてきているはずだからです。それにもかかわらず、三〇年の時を経て、なぜ体育は嫌いな教科の三番目にランクインすることになったのでしょうか。ここではひとまず、その理由がきっと「体育ぎらい」が生まれることに深くかかわっている、ということを指摘しておきます。それがどのようにかかわっているのかを明らかにしていくためにも、本章ではまず、「体育ぎらい」を取り巻く背景を少しずつ確認していってみたいと思います。

「体育ぎらい」は昔から

もちろん、このランキング結果は、一つのアンケート調査によるものでしかありませんので、どこまで普遍化してよいかについては注意が必要です。当然、一九八九年当時にも「体育ぎらい」は存在していたはずです。実際にこの調査結果では、当時でも一三・六%の小学生は、体育が嫌いと回答していたことが示されています。

さらに、その内訳を詳しく見てみると、もう少し違うこともわかってきます。たとえば、体育が嫌いな割合を性別に分けて見てみると、男子が一〇・七%なのに対して、女子は一六・五％になっています。ここに学年別のデータを重ね合わせて小学六年生の女子に焦点を絞ってみると、なんと三〇・五％が、体育が嫌いと回答していたことがわかります。ちなみに、当時全体で嫌いな教科の第一位であった国語は、その割合が小学六年生の女子では二八・六％でしたので、こう言ってよければ体育より嫌われていなかったということになります。また、同じ小学六年生でも、男子では国語が嫌いな割合が四二・七％（高すぎ！）にも上っていました。

さて、ここで確認しておきたいことは、一九八九年当時の小学生の男子が、女子に比べて体育が好きな一方、国語は好きではなく、したがって女子の方がお勉強ができる……といったことでは、もちろんありません。そうではなく、ここで私たちが確認しておくべきことは、「体育ぎらい」はいつの時代も必ず存在していたという、一つの事実です。

「そんなこと当たり前じゃないか」と思われるかもしれませんが、実際のところはどうでしょうか。現代において、体育が嫌いで、それこそ学校に行きたくないほど悩んでいる人は、このことをハッキリと自覚していたでしょうか。「知ったから何になるんだ！」

とさらに怒られそうですが、少し落ち着いて考えてみましょう。
「体育が嫌い」という感情がいつの時代もあったということは、その感情に悩んでいた人も、いつも必ず存在していたということです。もしそうだとすると、次のように考えることができます。すなわち、今この瞬間に体育が嫌いで悩んでいる人は、決して一人ではなく、むしろ、過去の多くの「体育ぎらい」とその悩みを共有しているということです。

このように考える一つのメリットは、簡単に言うと、一人で悩むことの無意味さに気づくことができる点にあります。少し乱暴に聞こえるかもしれませんが、それはたとえば、現代において二五〇〇年前の哲学者が語ったことを学ぶ意味と、同じような性格のものです。一体、どういうことでしょうか。少し回り道をして考えてみましょう。

二五〇〇年前のことを学ぶ意味

いきなり「二五〇〇年前の哲学者」なんて言うと、意味不明な感じがするかもしれませんが、大丈夫です。ここでは、「すっごい昔の人たち」と思ってもらえれば十分です。

もちろん、彼らが語った内容も、それはそれでとても面白いのですが、ここではそのことには触れません。

では何を考えるのかというと、二五〇〇年も前に言われたり論じられたりしたことを、二五〇〇年後の私たちが学んだり知ったりすることに一体どのような意味があるのか、という点です。このように問うてみることのねらいは、最新の科学の話と比較するとわかりやすくなると思います。

医学でも物理学でもなんでもよいのですが、いわゆる自然科学（理系の学問のことです）の分野では、当たり前ですが、二五〇〇年前の知識や情報が参照されることはほぼ無いと言えます。たとえば、およそ二五〇〇年前にギリシアのタレスという人は、万物は水から生まれると考えましたが、その主張が今日の科学研究で参照されることはまずあり得ません（ちなみに完全に余談ですが、このタレスという人は、伝えられているところによると、「体育競技を見物していて、暑熱と渇きと、そしてすでに老年だったための衰弱によって死んだ」とされていますので、「体育ぎらい」ではなかったようです）（ディオゲネス・ラエルティオス著、加来彰俊訳、一九八四年、『ギリシア哲学者列伝 上』、岩波書店）。

もっと現実的に言えば、ほんの数ヶ月前の情報でさえ、最新の科学研究では時代遅れになっていることも珍しくありません。しかし、そのような科学の考え方と比較すると、哲学者と呼ばれる人たちが二五〇〇年前に考えていたことは、現在でもなお、その意味を失ってはいないように思われます。たとえば、「幸せとは何か」や「愛とは何か」といった問題は、私たち人間の永遠のテーマかもしれませんし、また、「平和とは何か」という問いに至っては、現代においてその重要性がますます高まっているとさえ言えます。

「体育ぎらい」をリアルに考える

このことからわかるように、たとえば哲学に代表されるような、いわゆる人文学（こっちは文系の学問のことです）で古くから考えられてきたことは、自然科学の場合のように古いからといってその価値がなくなるとは、必ずしも言えません。それはむしろ、現代に生きている私たちにとって、つねに重要な意味を持っているとさえ言えます。つまり、私たちが「今」抱いている問いを、いつも、ともに考えてくれることが、哲学をはじめとした人文学の一つの特徴だと言えるかもしれません。

なぜ「体育ぎらい」をテーマにする本書でこのような話をしたかというと、その考え方が「体育ぎらい」について考える際にも有効だからです。先ほど指摘したように、「体育ぎらい」が私たちの社会で長く続いてきたことは間違いがありません。ですので、この問題に一人で悩むことは、ハッキリ言って無謀なのです。もちろん、だからといって、そこで立ち尽くして絶望していても仕方がありません。むしろ、私たちがすべきことは、過去のものも含めたさまざまな議論や知見を手がかりにしながら、「体育ぎらい」という巨大な問題に一緒に向き合い、それを少しずつ解きほぐしていくことだと言えます。本書も微力ながら、その手がかりになることを目指していきます。

また、その意味で本書は、「体育ぎらい」に関する最先端の科学的研究の成果を紹介するものではありません。そうではなく、あくまでも、今私たちの目の前にある「体育ぎらい」という問題を、体育やスポーツについての人文的な知の蓄積を手がかりに、改めて考える立場をとります。そうすることによって、たとえば先ほどのアンケート調査の結果には現れてこない、言い換えると、数字では見えてこない「体育ぎらい」のリアルな姿を考えていきたいと思います。

なぜ「体育ぎらい」は目立つのか

ところで、先ほど挙げたアンケート結果によると、必ずしも体育がダントツで嫌われている、というわけではありませんでした。ただし、その一方で「国語ぎらい」や「音楽ぎらい」よりも（そもそもこのような呼び方はあまり聞きません）、「体育ぎらい」のほうがはるかに多い（強い？）印象があることも事実です。これについては、インターネットやSNS等に見られる「体育ぎらい」についての記事や書き込みからも、同じような印象を受けます。つまり、どうやら「体育ぎらい」には、それを目立たせる強烈な何かがあるようなのです。

この一つの理由としては、まさにSNSの影響が大きいと考えられます。それが私たちの社会に広く浸透したことによって、これまで目に映っていなかった「体育ぎらい」のリアルな姿が、次々に浮かび上がってくることになったと言えます。しかも、同じような経験をした人と人が、簡単につながることもできるようになりました。そのようにして「体育ぎらい」の存在は、私たちの社会でこれまで以上に広く知られ、強く印象づけられるようになったと考えられます。

　このようなSNSの影響について、哲学者の稲垣諭《いながきさとし》は次のように指摘しています。

> SNSは、社会の苦しみの現実を変えてしまったと僕は思っています。（中略）そのように苦しむ主体や苦しみの克明な記述が増えることは、同時にそれを目にする人の中で苦しみの自己認知・追体験が行われることでもあります。「たしかに自分もそんな苦しみがあった」「あれはやっぱり苦しいことだったんだ」という苦しみの再認が共感的に広がります。それによって感度が高まり、アンテナが張り巡らされて、さらなる苦しみをキャッチアップできるようになります。（強調本文）（稲垣諭、二〇二二年、『絶滅へようこそ』、晶文社）

この指摘を踏まえると、今日のSNSは、潜在的に存在していた「体育ぎらい」の人がお互いの存在に気づき、つながり、さらには自らの嫌な体験を再び思い出すことに、一役、いえ、少なく見積もっても二役くらいは買っていると言えそうです。つまり、「体育ぎらい」が目立っている現象には、現代を象徴するSNSが深くかかわっているわけです。

「体育ぎらい」の原体験

そのようにSNSによって「体育ぎらい」が広まっていく背景には、そこで思い起こされることになる、もとの体験、いわゆる「原体験」があるはずです。それは、SNSによる影響とは別に、「体育ぎらい」を目立たせるより根本的な原因があることを意味しています。そして、その原因は、「体育ぎらい」が私たちの「からだ」に密接にかかわっていることに根差しています。このことは、本書において重要なポイントになります。

みなさんもよく知っているように、体育の授業では他の教科と違って、ほぼ強制的に自らのからだを他者に見られます。反対に、数学の問題を解くときや美術で絵を描くときに、私たち自身のからだが注目されることはほとんどありません。それらと比較するとわかるように、体育の授業においては、走るときも、ボールを投げるときも、しまいには踊るときなどは、まさに自分のからだを他者の視線に曝《さら》すことが必ず起きています。そして、このことが、他教科と比べて「体育ぎらい」がより強烈な印象や記憶を私たちに与える、一つの大きな原因であると考えられます。この「他者にからだを見られる」ことについては、第二章で、具体例を挙げながらさらに詳しく考えてみます。

もし、「体育ぎらい」の一つの大きな原因が私たちのからだに深くかかわっているのだとすると、それは同時に、その問題の解決策を探していく「道＝可能性」もまた、私たちのからだにあるということになります。この可能性の具体的な内容は、さまざまなトピックに関連づけながら、本書全体を通して論じていきたいと思います。それらの前提として、ここでは一つだけ、私たちのからだに着目する理由を述べておきます。

からだの「かけがえのなさ」と「かえられなさ」

その理由は、私たちのからだが、私たち一人ひとりにとって決して交換のきかない唯一無二の存在であるからです。つまり、そのからだは、他のモノと比べることもできないほど大切だということです。私たちはこの自分のからだで、これから先の何十年もの人生を生きていかなければなりません。このことは、一見当たり前に思えるかもしれませんが、実際は多くの人が案外忘れています。だからこそ、とても重要なことでもあるのです。

からだが私たちにとって唯一無二の「かけがえのない」存在であるということは、同時に次のことを意味してもいます。それは、自分のからだがどれほど嫌いで、どれだけ気にくわなくても、簡単には変えたり交換したりできないということ、絶対的な「かえられなさ」があるということです。このことがまさに、「体育ぎらい」の問題に直結してきます。

自分のからだが好きになれない、もしくは嫌いな人は、少なくないと思います。それは、背が高いか低いかや、太っているか痩せているか、といった体型の悩みであったり、さらには、まぶたが一重か二重か、鼻が高いか低いか、といったより細かい部位の悩みであったりします。また、お腹が弱いといった悩みもあるかもしれません。

そのようなコンプレックスの延長線上に「体育ぎらい」を考えてみることもできます。

たとえば、体育の授業で、クラスメイトを前にして跳び箱を跳ぶことに失敗し、みんなに笑われた経験をした人は、跳び箱をうまく跳ぶことのできない自分のからだがイヤになるかもしれません。このような経験は、速く走れないことや、うまくボールがキャッチできないことについても、まったく同じです。運動をしていて、うまくできなくてイライラすることは、誰にでも経験のあることだと思います。そのイライラは、自分のからだが思い通りに動かないことによって生じているはずです。

このような例からもわかるように、私たちのからだには、「かけがえのなさ」と「かえられなさ」という特徴がコインの裏表のように一体となって備わっています。そして、このことは、からだについての私たちの見方が論点になることを示唆しています。

身体観=からだをどのように見ているか

私たちが自分や他者のからだをどのように見ているのかを表す言葉に、「身体観《しんたいかん》」というものがあります。この「○○観」という言い方は、「倫理観」や「人生観」のような場合に見られるものと同じです。つまり、身体観とは、からだについて私たちが持っている価値観だと言えます。

たとえば、私たちの身近にある例として、自然科学的な身体観を挙げることができます。「自然科学的」と言うとなんだか難しそうな感じがしますが、要するにこれは、お医者さんが患者のからだを見るときの見方のことです。この身体観は、特に外科的な手術の場面をイメージすると、よくわかります。もう少し具体的に説明します。

先日、私は耳の手術を受けたのですが、その際に、耳の裏側を切って、パカッと(音がしたかはわかりませんが)開けて、骨を削ったり、なかにあった悪さをする腫瘍を切り取ったり、耳たぶの軟骨で耳小骨を作り直したりしたそうです。そして、そういったいろいろな工程が終わった後、私の耳は針と糸で縫われて、無事元通りに閉じられました(めでたしめでたし)。

ここで重要なことは、(手術が成功したこと……はもちろんですが)そこに、私たちのからだを「モノ＝物体」として捉える身体観があるという点です。つまり、私たちのからだを、切り取ったり縫い合わせたりすることのできるモノとして捉えることによって、手術がはじめて可能になるということです。それもそのはずで、もし手術を執刀するお医者さんが手術台の上に横たわる人を見て、「メスで切ったら痛そうだなぁ」なんて考えていたら、手術に集中できません（そのお医者さんに任せるのは不安ですよね）。

この例からは、私たちのからだをモノとして見る自然科学的な身体観を理解することができます。ただし少し注意してほしいのですが、そのような身体観がよいか悪いか、といったことを言いたいわけではありません。そうではなく、重要なことは、私たち自身がどのような身体観を持っているのかを知ることです。ここに挙げた自然科学的な身体観は、私たちにとってあまりに当たり前であるがゆえに、ほとんど自覚されることなく持たれているものだと言えます。その証拠にこの身体観は、手術のような特別な状況だけでなく、健康診断のような身近な例にも見られます。

健康診断と筋トレの身体観

みなさんは子どもの頃から、毎年のように健康診断を受けてきたと思います。厳密に言うと、現代ではお母さんの胎内にいるときから、すでに健康診断の対象になっています。その意味では、私たちは生まれる前から健康診断を受けてきたとも言えます。

健康診断では、身長や体重をはじめとして、からだをさまざまな角度から計測し、それを記録していきます。ついこの間までは、座高なんかも測っていました（意味がないからやめちゃいましたけど……）。これらはまさに、自然科学的な身体観に基づいています。そこで私たちのからだは、身長や体重などのように、部位や項目ごとに数値化されて表されます。たとえば、太郎君は身長一七二㎝、体重六五㎏、血圧が一三〇㎜Hgでちょっと高めの人、といった具合です。

さて、ここで手術や健康診断を例に挙げたのは、それらに共通して見られる自然科学的な身体観が、「体育ぎらい」にかかわる一つのトピックにつながっているからです。そのトピックとは、いわゆる「筋トレ」です。そうです、ダンベルを上げ下げしたり、マシーンをガッチャンガッチャンしたりする、あの筋力トレーニングです。

あまりピンとこないかもしれませんが、筋トレにも、私たちのからだをモノとして捉える身体観が見られます。たとえば、三〇㎏のバーベルしか持ち上げられなかった人が、トレーニングを重ねることによって五〇㎏を持ち上げられるようになることが、筋トレでは目指されます。つまり、からだの「変化＝成長」を、ダンベルの「重さ」やそれを持ち上げる「回数」という数値によって捉えているわけです。その意味では、筋トレも自然科学的な身体観が見られる一つの例だと言えます。

スポーツジムやフィットネスクラブの人気

「体育ぎらい」の人にとっては、この筋トレも、勘弁してほしいことの一つかもしれません。たとえば、体育の授業で腹筋や腕立て伏せをやらされて、「こんなことなんでやんなきゃいけないの？」と不満に思った人もいるかもしれません。確かにその通りではあるのですが、一方で少し視野を広げてみると、この筋トレを巡っては興味深い現象が見られます。それは、昨今のスポーツジムやフィットネスクラブの流行です。

休日はもちろん、平日の早朝や夜にも、多くの人が駅前や住宅街にあるスポーツジムやフィットネスクラブに吸い込まれていく姿は、もはや日常の光景と言ってもよいかもしれません。二〇二〇年以降の新型コロナの影響でその勢いも多少弱まったかもしれませんが、今でも電車に乗れば、必ずと言ってよいほどそれらの広告が目に入ります。そこには、大きな需要があると考えられます。

スポーツジムやフィットネスクラブのそのような人気については、体育やスポーツを専門として教えたり研究したりする立場からすると、複雑な気持ちを抱きます。なぜ複雑かというと、一方では、多くの人がお金を払ってでも運動や筋トレに取り組むことをうれしく思うからです。特に、日本のみならず多くの国では、デスクワークの普及に伴う運動不足を原因として、生活習慣病に代表されるさまざまな疾病が社会問題となっています。そうしたなかで、多くの人が自発的に運動に取り組むことは、間違いなくそれら疾病の予防と、健康の保持増進に役立つと言えます。その点では、このスポーツジムやフィットネスクラブの人気は喜ばしいわけです。

体育の敗北？

しかし、他方、体育の先生という立場からすると、このことを喜んでばかりはいられません。そこで問題になるのは、そのようなスポーツジムやフィットネスクラブの人気と、体育との関係です。

スポーツジムやフィットネスクラブにはさまざまな種類があります。一般的なものは、月に数千円の会費を払い、トレーニングマシーンやプール、シャワーやサウナなどを自由に使える、会員制のジムやクラブかもしれません。二四時間三六五日営業している施設もあるようです。なかには、入会してトレーニングの指導を受けるのに、何十万円もかかるスポーツジムもあります。驚くべきことは、そのような高額なジムが多くの人の支持を受け、高い人気を集めているということです。

このようなスポーツジムやフィットネスクラブの人気は、同時に次のことを意味しています。すなわち、学校の体育の授業は一〇年以上の時間をかけても、子どもたちに自らのからだを「扱う＝管理する」術を伝えることができていないという事実です。ここで一〇年以上と言ったのは、小学校から中学校までの義務教育の九年間と、同じ学年の九七％以上の人が進学している高等学校の三年間を合わせたものです。ちなみに、日本では大学進学率も五〇％を超えています。そして、その大学の教養科目としても、名称はさまざまですが体育の授業が実施されています。それも加味すると、さらに多くの時間を体育の授業に費やしていることになります。

にもかかわらず、大人になった多くの人が、多額の支出をして、パーソナルトレーナーという名の他者に指示してもらわないと、自らのからだを「扱えない＝管理できない」という事態は、一体何を意味しているのでしょうか。

現代社会に広く見られるこの事態を、私は自戒を込めて「体育の敗北」と呼んでいます。重要なので繰り返しますが、日本の体育は、子ども一人に対して一〇年以上の時間を費やしています。それにもかかわらず、彼らが大人になり、いざ自らの健康を意識し始めたとき、一体何を、どうすればよいかがわからないという状況にあるわけです。その結果として、少なくない人が「よし、とりあえずジムに行こう！」という発想になっているのではないでしょうか。

しかし、本当にそれでよいのでしょうか。このような現実を前に、これまでの体育は一体何をやってきたのか、という疑問を抱かざるを得ません。そして、そのような体育の在り方は、まさに「体育ぎらい」と強く結びついているのではないでしょうか。

花火と踊るちびっ子

もう一度、本章のはじめに見た調査結果に戻ってみます。すると、低学年ほど「体育ぎらい」が少ない傾向にあることがわかります。このことは、何を意味しているのでしょうか。具体的なエピソードを挙げながら、考えてみたいと思います。

先日、私の家の近くで結構大きな（日本三大くらいの）花火大会がありました。私の自宅の前には堤防のような小高い場所があり、そこに登って花火大会を見ている人が数十人ほどいて、そのなかには小さな子どもたちの姿もありました。

あたりが暗くなって花火大会が始まると、遠くの空に大きな花火がいくつも上がり、パッーンという音と響きが、からだに伝わってきました。「きれいだなぁ」と思って眺めていたそのとき、ちびっ子にふと目を向けて見ると、なんだか楽しそうに飛び跳ねているのが見えました。しかもよく見ると、大きな花火がパッーンと弾けるのとほとんど同時に、そのちびっ子は大きく腕と脚を広げ、ほんの少し（でもきっと、ちびっ子としては思いっきり）ジャンプしていたのです。

この光景を見て、私は、かつて観た小学一年生のある体育の授業を思い出しました。そこでは、縄跳びやボールなどの遊び道具が準備されていただけで、先生が何かを教えたりしてはいませんでした。にもかかわらず、三〇人ほどいた児童はみな、四〇分間の授業中、飽きることも休むこともなく、それらの道具で遊び続け、飛び跳ねていました。

ちょうどその授業を観た頃、私は中学校で体育の授業を教えていたのですが、そこでは対照的に、「なんで跳び箱を跳ばなきゃいけないんですか？」といった厳しい質問を中学生から受けたりしていました。そのため、先生の指示もなしに元気に動き回る小学一年生の姿を観て、しみじみとこう思ったことを鮮明に覚えています。「こんなに動くことが好きな子どもたちが、なんで大きくなるにつれて、体育が嫌いになってしまうのだろう？」。

ここで、花火と踊るちびっ子や、先生の指示などなくとも動き回る小学生の例を挙げたのは、ほかでもなく、次のことを確認したかったからです。そうです、本来多くの子どもたちは、動くことが大好きなはずです。むしろ多くの人が知っているように、彼らをじっとさせておくことの方が難しいくらいです。しかし、残念ながらそのような子どもたちが、いつしか「体育ぎらい」になってしまっている現実があるわけです。

「体育ぎらい」と「運動ぎらい」

花火と戯れるちびっ子の例などからも示唆されるように、私たちは本来、からだを動かすこと、つまり運動を、好きとか嫌いとかではなく、むしろ自然と行ってしまう存在なのかもしれません。この点にかかわる運動の面白さについては、第六章で詳しく考えたいと思います。ここでは、「体育ぎらい」と「運動ぎらい」の関係を簡単に整理しておきます。

「運動ぎらい」と「体育ぎらい」は、一般的にはなんとなく同じものとして考えられていることが多いようです。しかし、この区別はとても重要です。なぜなら、本当は運動そのものは好きなのに、体育が嫌いだから運動も嫌いなんだと思い込んでしまっている人が、少なからずいるかもしれないからです。

この区別の重要性は、次のような例で説明することもできます。たとえば、本当はタコ焼きの「タコ」が嫌いなだけなのに、自分は「タコ焼き」そのものが嫌いなのだと思い込んだ人が、さらに小麦製品全般が嫌いなんだと思い込んでいたらどうでしょうか。その結果、パスタもピザも、うどんもラーメンも、パンケーキもショートケーキも、ギヨウザもシュウマイも、みんな嫌いだと思い込んでしまっているとしたら、大変なことだと思いませんか？　いや、ハッキリ言って大変なことです（伝わったかな……？）。「体育ぎらい」と「運動ぎらい」の「混同＝ごちゃ混ぜ」は、「タコ」と「タコ焼き」の「混同＝ごちゃ混ぜ」と同じくらい、深刻な思い違いをしているということです。私たちは、本来別々なはずの「体育ぎらい」と「運動ぎらい」を混同してしまっていないか、注意する必要があります。本章の検討からも明らかなように、「体育ぎらい」は必ずしも「運動ぎらい」ではないからです。そして、もしそうだとすると、「体育ぎらい」の問題の根源は、やはり「体育」そのものにあるということになりそうです（当たり前か！）。

なぜ体育が嫌いになってしまうのか

さて、本章の目的は、「体育ぎらい」という巨大な問題の輪郭を、ひとまずぼんやりとつかんでみることでした。その結果、「体育ぎらい」は決して単純な問題ではないということが改めて明らかになったと思います。まず何よりも、このことをしっかりと理解する必要があります。つまり、「体育ぎらい」は一人で挑むべき問題ではないのです。そしてもちろん、本書を手にしたみなさんは、もう決して一人ではありません。

本章で確認したように、少し視野を広げてみると、ちびっ子から若者、そして大人に至るまで、自ら「運動」に取り組む人々の姿があります。一人の体育の先生としては、このこと自体はとても喜ばしいことです。しかし同時に、そのような人たちでさえも、場合によっては嫌いになってしまう「体育」とは一体なんなのか、という問いも浮かび上がってきました。

一体なぜ、そしてどのようにして、「体育ぎらい」は生み出されてしまうのでしょうか。その原因を一つでも多く明らかにすることができれば、もしかすると、体育を嫌いにならなくて済む方法が見つかるかもしれませんし、場合によっては、体育を好きになる可能性すら……いえ、少し調子にのりすぎました。本書の基本的なスタンスは、「「体育」なんて好きにならなくてもいい」でした。このスタンスを再確認したところで、次章からはより具体的な場面に視線を移しながら、「体育ぎらい」が生まれる原因を探求していってみたいと思います。

第二章　体育の授業がきらい「規律と恥ずかしさ」

「体育」と一言で言っても、その内容にはさまざまなものがありますし、それこそ人によって抱いているイメージも多様です。本章ではまず、体育の「授業」に焦点を合わせて、そこに「体育ぎらい」とかかわるどのような事柄があるのかを確認してみたいと思います。

体育授業のイメージは「失礼シマース」？

前章でも確認したように、日本の小学校から中学校においては、全員が体育の授業を受けることになっています。つまり、日本の学校教育を受けてきた人は漏れなく、体育の授業を経験しているということです。

このことが示唆するように、「体育ぎらい」はやはり体育の授業から生み出されていると考えられます。それもそのはずで、体育の授業を経験したことのない「体育ぎらい」というのは、ちょっと（まったく？）想像できないわけです。このように言うと、当たり前のことを言っているように聞こえるかもしれません。しかし、本当にそうでしょうか。

ここで考えてみたいことは、みなさんが経験してきた体育の授業とは一体何を指しているのか、という点です。もう少し具体的に言うと、その「イメージ」は、実はみんなバラバラなのではないか、ということです。具体例を挙げて、このことを確認してみましょう。

たとえば、みなさんは中学校の体育の授業で、授業開始の挨拶のあと、「失礼シマース」と言いながら体育座りをしたことがありますか。頭に「？」が浮かんだ人もいれば、「やってた！」と思い出した人もいるかもしれません。私の経験上、大学生のおよそ半数は、そのような体育の授業を経験してきています。ちなみに、体育座りをする際に「失礼シマース」と言うかどうかは、地域によって異なるというよりは、学校や先生によって異なっているようです。

この「失礼シマース」と言うか言わないかという、小さな一点を見ても明らかなように、私たちが受けてきた体育の授業は、実際には非常に多様で、むしろ同じ授業はほとんどないと言ってもよいかもしれません。このことは、「体育ぎらい」を考えるための重要なヒントになります。なぜなら、その多様さを知っておくことは、みなさん自身の体育授業の経験から、少し距離をとって考えることに役立つからです。第一章でお話ししたことを思い出してください。「体育ぎらい」は、一人で悩んだり挑んだりするべきものではありませんでした。そうではなく、自分以外のいろいろな見方や考え方を参考に、向き合っていくことが必要だったはずです。

この「失礼シマース」の例は、もう一つのことを示唆してもいます。それは、体育の授業における小さな出来事が「体育ぎらい」にとっては大きな意味を持っている可能性があるということです。たとえば、「失礼シマース」と大きな声で言うことに違和感を持っていた人が、もしそう言わなくてもよい体育の授業を受けていたとしたら、その人は「体育ぎらい」にならなかったかもしれません。つまり、ほんの些細《ささい》なことがきっかけとなって、「体育ぎらい」になるかどうかが決まってしまう可能性があるということです。そうだとすると、そのような一見些細に見える事柄にこそ、「体育ぎらい」を考えるためのヒントが隠されているのかもしれません。

「体育座り」のイロイロ

さらに具体的な例を挙げてみます。それは、「失礼シマース」とセットで行われている、いわゆる「体育座り」です。

体育座りと聞いて、すぐにイメージできる人と、「あれのコトかな?」と少し確認を要する人がいると思います。それもそのはずで、地域や学校によっては、同じ座り方のことを「三角座り」や「体操座り」と呼んでいますし、また幼稚園や保育園では「お山座り」と呼んでいるところもあるようです。このように同じ座り方でも、その呼び方にはイロイロあるわけです。本書では、「体育座り」と呼びたいと思います。

なぜここで体育座りに触れたかというと、これまでに、それを巡ってさまざまな議論がなされてきたからです。つまり、この体育座りは、「たかが一つの座り方」と侮ることのできない意味を持っているということです。

たとえば最近では、腰や内臓に負担がかかるため、体育座りは健康によくないという話が聞かれます。確かに、両腕で両足を抱えて、からだをあれだけ丸めていると、いろいろなところに負担がかかりそうです。ただし、一方では、体育座りをすることによって安心や落ち着きを感じることのできる人も、少なからずいるようです。

ここで考えてみたいことは、「だから体育座りは禁止すべき」という主張ではなく、むしろ、その背景にある問題です。それは、体育の授業において体育座りを児童生徒に強制することに関する問題です。一気に、「体育ぎらい」に関係しそうな感じになってきました！

規律としての体育座り

体育座りは、そもそも学校において、集団行動の一つとして始まったものです。つまり、大勢いる児童生徒を、先生たちがコントロールするための方法だったわけです。もちろん、これが必要な場面もあります。

たとえば、小学校で大勢の児童が校庭に並んで座り、校長先生の話を聞くことがあります。集会や学校行事の開会式などがそうですね。そのようなとき、小さな子どもは、当たり前ですが、すぐに飽きてしまいます。そして何が始まるのかというと、そうです、砂いじり（砂遊び）です。足やお尻のあたりの地面に、丸や線を描いてみたりするわけです。さらに、それでも話が終わらないと、小さな砂粒を拾い上げて、前に座っている友達に指で飛ばしたりし始めます。みなさんにも、このような経験があるかもしれませんん（私だけ？）。

同じ場面で、今度は目線を先生の立場に移してみましょう。先生としては、もちろん子どもたちに話を聞いてほしいわけですが、一方で、まだ成長段階の子どもの集中力が長くは続かないことも理解しています。また、砂いじりをしている子全員を、いちいち注意するのも大変です。そして、ひらめいたわけです。足を両手で抱えて、その両手を自分でつないでいてくれれば、砂遊びできないじゃん！　と。もうお気づきですね。そうです、まさにその姿勢が体育座りなのです。

ちょっと簡略化しすぎた気もしますが、体育座りが必要とされる状況は、少なくとも実践的にはこのように考えることができます。ここで重要なことは、体育座りがみなさんのからだをコントロールする技術として用いられているということです。少し言い換えると、体育座りは、みなさんのからだの自由を縛るもの、すなわち、一つの「規律」として生み出され、機能しているということです。どうやらここに、体育座りと「体育ぎらい」の一つの接点がありそうです。

整列、行進、身だしなみ

このような私たちのからだにかかわる規律は、体育の授業において、ほかにも多く見ることができます。たとえば、授業の始まりや終わりの際に行われる整列と挨拶があります。この整列がイヤだったという人も、少なからずいると思います。少し列から外れていたり、よそ見をしていたりすると、すかさず先生の指導が飛んできます。また、挨拶を大きな声でしなければ、何度もやり直しをさせられ、「これ、何か意味あるのかな?」と疑問に思った人もいることでしょう（私もその一人です）。

さらに、運動会などのために、体育の授業で行進の練習をすることもあります。これも、前後左右の間隔や手と足の細かい動きなど、クラスや学年のみんながそろうまで、繰り返しやらされた人もいるかもしれません。「こんな軍隊みたいなことを、なんでやらなきゃいけないの？」という不満は、今でも大学生からよく聞かれます。

これらのほかにも、体育の授業における服装に関するルールも、規律の現れと言えます。体育着（体操服）の裾がズボンから出ていたり、腰パン（死語？）をしていたりすれば、指導の対象となるはずです。また、少し前までは、冬でも半袖と半ズボンで体育の授業を受けるのが当たり前でした（先生は暖かそうなジャージを着ているのに……）。最近では、長袖のシャツやジャージを着用できるところも増えてきたようですが、それでもやはり、その「着方＝身だしなみ」は指導の対象となっているわけです。この点については、体育着よりも、むしろ学校の制服の方に、規律の問題が顕著に現れていると言えます。

以上の例はすべて、体育座りと同じように、みなさんのからだをコントロールすることです。そこでは、列を乱したり体育着を着崩したりすることが、授業の規律を乱すこととして捉えられています。つまり、体育の授業において、みなさんを集団としてコントロールするためには、座り方から並び方、声の出し方から体育着の着方まで、みなさんのからだを徹底的に画一化することが必要だと考えられているわけです。

もちろん、そのようなからだのコントロールが、ある面では必要なことも確かです。たとえば、小学校一年生が遠足に行くときに、学校の外ではしっかりと列を作って歩いたり、静かに並んで座っていたりすることは、安全の面からも、またマナーの面からも大切なことです。そのような場合、先生の注意がしっかりと伝わらないことは、致命的な問題になり得ます。付言すると、日本が地震などの自然災害の多い国であり、避難のスムーズさが重要であるという特殊な事情も、体育を含む学校教育において、これほどまでに規律が重視されてきたことと無関係ではないように思います。

とはいえ、そのような体育授業における規律の強制には、当然、反発が生まれます。ここまでの話を踏まえると、むしろ「体育ぎらい」とは、体育授業における規律の強制に反発しているのだと言えるかもしれません。その反発は、頭で考えてというよりも、むしろ感覚的に、からだのレベルで起きています。このことは同時に、「体育ぎらい」が豊かな感性を持っていることを示唆しています。なぜなら、さまざまな規律の強制に何も違和感を抱かない人は、権力に従順な感性を身につけていると考えられるからです。このように考えると、「体育ぎらい」が必ずしも悪いとは言えない可能性が見えてきます。なお、この感性の問題については、本章の最後に再び触れたいと思います。

「跳び箱を跳ばなきゃダメ?」という難問

ここまで体育座りを糸口に、体育の授業における規律の強制という問題を考えてみました。ただし、改めて考えてみると、そのような強制性という特徴は、実際は体育の授業で行われるほとんどの活動に共通していることがわかります。

たとえば、「体育ぎらい」に深くかかわる種目としてよく挙げられるものに、器械運動があります。跳び箱や鉄棒の運動で、怖い思いや痛い思いをした人は少なくないですし、実際に器械運動が嫌いな人も、かなりいると思います。特に興味深いのは、球技やその他のスポーツ種目は好きだけれども、器械運動は嫌い、という人が少なくないという点です。

正直に言うと、私もその一人で、中学生や高校生の頃は器械運動が大嫌いでした。本書を書きながら、鮮明に思い出したことがあります。それは、高校の跳び箱の授業の記憶です。そのとき私は、自分の番が回ってくると、何気なく列の一番後ろに並び直したりして、なんとかやらないで済むように努力……ではなくて、跳び箱からの「逃走／闘争」を試みていました。

当時の私は、うまく技ができないことや、クラスの友達の前で失敗することなどを、恥ずかしく思っていました。この「恥ずかしさ」については、後ほど詳しく考えてみたいと思いますが、その前に、そもそもどうして体育の授業に器械運動があるのでしょうか。高校生の私が抱いていたのも、まさに、「なんで跳び箱を跳ばなきゃいけないの？」という問いでした。

これは、「体育ぎらい」の中高生からもよく聞かれる問い（不満？）です。ただし、この問いは決して「体育ぎらい」の屁理屈《へりくつ》などではなく、むしろ、かなり本質的な難問です。もちろん、そこにはいろいろと複雑な背景と事情があるわけですが、いずれにしても、この問いに答えることは簡単ではありません。

そこで、少し迂回《うかい》をしながら、この問題を考えてみたいと思います。そのための手がかりになるのは、体育と「器械運動≒体操」が切っても切れない関係にあるという事実です。ここではその歴史を、少しだけ確認しておきましょう。

歴史をたどれば「体育=体操」だった

まず指摘しておきたいことは、日本の体育の授業は体操から始まっているという点です。そのことを最もわかりやすく示しているのが、次章のテーマでもある「体育の先生」の呼び方です。少し前まで、体育の先生は「体操の先生」と呼ばれていました。知っていましたか？

念のために言っておくと、この「体操の先生」は、Eテレ（教育テレビ）に出てくる「体操のお兄さんやお姉さん」のことではありません。そうではなく、学校で体育の授業を行う、私たちが「体育教師」と呼ぶ人のことを指していました。なぜ、体育の先生が「体操の先生」と呼ばれていたのでしょうか。

答えは簡単で、授業の名称や内容がかつては「体操」だったからです。体育科ではなく、体操科だった時代があったのです。そして、その時代の名残が、私たちが今、体育の授業で跳び箱や鉄棒の運動をやっていることに影響しているわけです。体育が体操と呼ばれていたその時代のことを、確認してみましょう。

長く江戸時代が続いていた日本に、今の学校教育の原型が作られたのが、一八七二年、明治時代のことです。鎖国をしていた日本は、開国することを外国から迫られたわけですが、それに伴って、諸外国に負けない強い国になることが求められました。いわゆる、「富国強兵」という政策です。その一環として、強い「からだ」を持った国民、特に若者を育てることが目指されるようになりました。

この「強い国民を育てる」という目標は、一九四五年に太平洋戦争が終わるまで、基本的には継続されていたと言えます。それを象徴するように、それまで「体操」と呼ばれていた授業は、戦時中は「体錬《たいれん》」と呼ばれました。文字通り、からだを鍛錬することが、その授業に求められた役割だったわけです。

今でこそ、からだを鍛えるというと、前章で触れたようなスポーツジムがイメージされますが、もちろん当時はそのような施設も一般的ではありませんでした。しかし、欧米列強に負けない強い国にするためには、強い国民を育てなければいけない。そのために適していると考えられたのが、学校における体操の授業だったわけです。ちなみに、現在のように体育の授業でスポーツ種目がメインになったのは、終戦後の一九四七年以降のことです。

「なんで踊らないといけないの？」という難問

跳び箱と同じような難問が、中学校で必修化されたダンスの授業についてもよく聞かれます。すなわち、「なんで踊らないといけないの？」という問いです。

この問いに対して、これまで出されてきた一つの回答は、本来人間は表現する存在であるから、というものです。たとえば、前章で挙げた花火と踊るちびっ子は、まさにそのよい例です。人間は古代から、それこそ文字を発明するよりも前から踊っていたと言われています。その意味で、踊ることは人間にとって、確かに根源的な意味を持っているようです。

とはいえ、やっぱり踊ることを恥ずかしく感じたり、イヤだなと思ったりしてしまう人は少なくありません。さらに言うと、いくら踊ることが人類史的に意味を持っているとしても、「なんで踊らないといけないの？」という疑問が出てきている時点で、その意味も、現代ではあまり有効でなくなっているのでは？　という疑問も湧いてきます（踊りたくないからこの問いが出てきているわけですし……）。

このような疑問を挙げると、さらに次のように言われることがあります。いわく、それは、私たちが現代社会のさまざまなものの影響によって、人間本来の在り方を抑圧されたり忘れさせられたりしているからなのです、と。その証拠に、世界のどこに行ってもダンスや舞踊は存在しているでしょ、と。

この回答にも、確かに一理あるように思われます。世界中どこに行っても、またいつの時代にも、基本的にその地域や民族に特有のダンスは存在しています。その意味では、やはりダンスには、人類に普遍的な意味があると言えそうです。

ただし、これについても、すぐに次のような疑問が浮かんできます。すなわち、確かに普遍的な意味があるのかもしれないけど、それってたとえば、お酒も世界中のどこにでも存在する文化だから人間は酒飲む存在だと言っているのと同じじゃないの？　でも、そんなわけないよね？　みんなが酒飲む存在とは限らないでしょ？

ん〜さすが難問です。ここでは、「体育ぎらい」との接点に絞って、この問題を考えてみたいと思います。

いわゆる「公開処刑」について

このダンスの例に典型的に見られるように、クラスみんなの前で運動をやらされ、それが失敗したときに感じる「恥ずかしさ」を表す言葉に、「公開処刑」というものがあります。この言葉、一度は聞いたことのある人が多いと思います。「体育ぎらい」に直結するこの言葉について、少し考えてみましょう。

たとえば、体育の授業では実技テストなどの名目で、一人ずつ順番に、クラスメイトの前で運動や技をやることがあります。先ほど挙げた跳び箱運動やマット運動などは、その典型かもしれません。そして、それらの運動や技が失敗したとき、私たちは、とてつもなく恥ずかしい感情を抱くことになるわけです。

この「公開処刑」という表現が見事に表しているように、運動が苦手な人にとっては、クラスメイトの前で何かの技や演技をやらされることが、地獄のような苦しみであるということは容易に想像できます。さらに言うと、それは運動が苦手な人に限った話でもありません。運動が得意な人であっても、クラスメイトの前で実践した際に失敗した場合、そのときの恥ずかしさを強烈に覚えていることがあります。前章でも少し触れたように、「運動は好き」なのに「体育が嫌い」という人は、そのような経験によって生み出されるのかもしれません。

また、「公開処刑」と呼ばれるからには、公開されていることだけでなく、むしろ処刑されるというニュアンスが強く含まれているはずです。そのような状況は、技や演技の失敗を見ていたクラスメイトからの嘲笑や失笑、もしくはそれを感じさせる視線によって発生していると言えます。なかには、爆笑するような輩《やから》もいるかもしれません。

もちろん、そのようなあからさまな「公開処刑」は、現在の体育の授業では少なくなっていると思い（願い？）ます。体育の授業をする先生も、日々、いろいろと工夫をしています。ただし、それでもやはり、他者の前で技や演技を行うことには、どうしても「恥ずかしさ」が付きまとってしまいます。これは、避けようのない事実です。そうであるならば、私たちはこの「恥ずかしさ」を、一体どのように考えればよいのでしょうか。その手がかりとして、ここでは、恥ずかしさの正体を考えてみたいと思います。

恥ずかしさの誕生

二〇世紀フランスの哲学者であるサルトルは、ノーベル文学賞を辞退したカッコイイ人です……が、ここではその話ではなく、恥ずかしさの感情についての、彼の議論を参考にしてみたいと思います。彼は、有名な「鍵孔《かぎあな》」の例を挙げて、私たちの恥ずかしさの正体を考えています。

次のような場面を想像してください。みなさんの目の前には一つの部屋があり、そこへ入る扉は閉じられています。みなさんは好奇心に駆られて、その扉の鍵の孔から部屋のなかをのぞき見ています。そのとき、背後で足音が聞こえます。その瞬間、きっとみなさんは扉から離れて我に返り、自分のしていた行為を「恥ずかしく」思うのではないでしょうか。

この例で重要な点は、みなさんの行為が本当に誰かに見られたかどうかはわからないのに、「恥ずかしさ」を感じてしまうというところです。なぜ私たちは、本当は見られていないかもしれないのに、「恥ずかしさ」を感じてしまうのでしょうか。それは、私たちが他者の視線、つまり「まなざし」を、勝手に意識してしまっているからです。このことについて、サルトルは次のように表現しています。

> 羞恥は、「私は、まさに、他者がまなざしを向けて判断しているこの対象である」ということの承認である。（ジャン＝ポール・サルトル著、松浪信三郎訳、二〇〇七年、『存在と無 Ⅱ』、筑摩書房）

少し言い換えると、他者に見られたら「恥ずかしい」行為をしている私を、他者が「まなざし」ているということを私が意識したから、私は「恥ずかしさ」を感じた、ということです。

この例からは、恥ずかしさの正体について、少なくとも一つのことがわかります。それは、「恥ずかしさ」が他者との関係において生じるということです。このことを、サルトルは次のように言っています。

> 羞恥は、その最初の構造においては、誰かの前での羞恥である。（前掲書）

このように、私たちが「恥ずかしさ」を感じるそのスタートには、他者の存在があるわけです。つまり、私たちは、他者に見られていることを自覚することによって、はじめて恥ずかしさを感じるということです。

恥ずかしさと社会性

このことは、次のような例からも理解できます。たとえば、小さい子どもがおもちゃを買ってほしくて駄々をこねている場面を想像してみてください。そのとき、子どもは大きな声を出したり、泣いたり、ときには床に寝転がって抵抗したりします。

ここで重要なことは、そのような行為を中学生や高校生、ましてや大人のみなさんは（たぶん）しないであろうという点です。なぜしないのかと言えば、それはもちろん、「恥ずかしい」からです。逆に言えば、大声で泣いたり、地面に寝転がって駄々をこねたりしている子どもは、その「恥ずかしさ」を感じていないということです。

この例からわかるように、「恥ずかしさ」の感情は、私たち人間が成長の過程で獲得していく重要なものです。もう少し正確に言うと、それは、私たちの「社会性」に深くかかわっています。ここで言う社会性とは、私たちが一人ではなく、多くの他者とともに生きていくために必要な能力のことです。それは、日常生活のさまざまな場面で、私たちが一定の秩序を保ち、他者とコミュニケーションをとって行動するために不可欠となるものです。

このように、「恥ずかしさ」の感情は人間にとって根源的なものであると言えます。次の例は、それがどれほど根源的であるのかを示しています。

私は日常的に階段をよく使うのですが、階段を上っているとき、つまずいて転びそうになることがあります。だいたい、年に二、三回はあると思います（そのうち一回は、本当に転んでいます）。そのようなとき、たとえ周りに誰もいなかったとしても、強烈な「恥ずかしさ」を覚えます（みなさんも経験ありませんか？）。そして、誰にも見られていないにもかかわらず「恥ずかしさ」を感じてしまうという事実が、この感情の根深さと強さを物語っているわけです。

このように考えてみると、私たちが感じる「恥ずかしさ」を乗り越えるとか、ましてや否定するということが、現実にはかなり難しいということがわかってきます。「恥ずかしさ」という感情は、それほど根源的なものですし、同時に、それだけ重要なものでもあるということです。ちなみに、誤解があってはいけないので念のため言っておくと、「恥ずかしさ」を感じていないから、ダンスが好きな人たちに社会性がないと言っているわけでは、もちろんありません。

からだの記憶

本章で見てきたように、「恥ずかしさ」は「体育ぎらい」に深く関係しています。一般的にこの「恥ずかしさ」は、心の問題として考えられているかもしれません。しかし、サルトルの「鍵孔」の例を思い出してみても、他者の「まなざし」に曝《さら》されているのは、ほかでもなく私たちのからだです。つまり「恥ずかしさ」もまた、第一章で指摘したように、私たちのからだにかかわる問題だということです。

実際に、「恥ずかしさ」のような強烈な負の感情が、私たちのからだに記憶されることが指摘されています。より具体的に言うと、私たちのさまざまなイヤな記憶は、頭や心というよりも、むしろ、からだが記憶していることです。これはたとえば、いわゆる「トラウマ」に関する研究で明らかにされてきたことです（ベッセル・ヴァン・デア・コーク著、柴田裕之訳、二〇一六年、『身体はトラウマを記録する』、紀伊國屋書店）。

もともとトラウマは、戦争において兵士が、戦場で仲間を失ったり、その姿が目に焼きついていたりするような、まさに言葉にできない凄惨な経験をしたことによって、その後の人生に大きな影響を与える記憶のことを言います。その記憶があまりに強烈であるために、フラッシュバックやパニックがたびたび起きてしまい、その後の日常生活に支障をきたす症状のことを、「PTSD（心的外傷後ストレス障害）」と呼びます。このPTSDは、戦争の経験だけでなく、幼い頃に受けたさまざまな暴力によっても起きることが指摘されていますし、子どもだけでなく大人になってからも、そのような経験によって発症すると言われています。

もちろん、「体育ぎらい」と戦争経験によるPTSDを同じだと言ったり、単純に比べたりすることはできません。ただし、一つ共通点があるとすれば、それらの辛いイヤな経験が、当事者のからだに記憶されるという点だと言えます。

「体育ぎらい」に関する記憶には、強烈なものがあります。それは、前章でも触れたように、ＳＮＳやネット上にあふれる「体育ぎらい」についてのネガティブなコメントを見ればわかります。つまり、さまざまな原因があるにせよ、「体育ぎらい」に体育への強烈な負の感情が伴っていることは、間違いがありません。その意味においては、「体育ぎらい」の記憶もまた、からだに記憶されていると言えそうです。

そして、トラウマに関する研究が教えていることは、負の記憶を消すことはできなくとも身体的経験によって変えていくことはできる、という点です。これは、とても重要なポイントです。なぜなら、この見方によれば、「体育ぎらい」もまた、新しい身体的経験によって少しずつ変わっていく可能性があるということを意味しているからです。では、そのような身体的経験とは一体どのような経験であり、また、それによって一体何が変わるのでしょうか。この点については、本章の最後に少し触れ、第六章で改めて考えてみたいと思います。

本当は先生も恥ずかしい

ちなみに、「体育ぎらい」と恥ずかしさの問題に関連して、ぜひみなさんに知っておいてほしいことがあります。それは、ダンスの授業をやっている体育の先生も、実際は「恥ずかしさ」を感じている場合があるということです。意外かもしれませんが、体育の先生がみんなダンスを好きなわけではありませんし、むしろ、いろいろな抵抗感を抱いている先生も少なくないはずです。この背景を少し説明します。

中学校におけるダンス（と武道）は、二〇一二年から必修になりました。これは裏を返せば、それ以前はダンスは必修ではなく、主に女子が行うものであり、その代わりに男子は武道を行う、という暗黙の区別があったということを意味しています。そのため、ダンスを必修にするというこの変更は、体育の先生にとっても決して小さくないインパクトを持ちました。

なぜかと言うと、体育の先生のそれまでの役割と、ダンスの特徴が矛盾するように思われたからです。たとえば、中学校の多くの体育授業では、体育着の裾をズボンのなかに入れるように指導されてきました。また、本章でも挙げたように、整列や挨拶について厳しく指導したり、行進の列の乱れを細かく正したりしていたわけです。さらに言えば、それは授業に限らず、上履きのかかとを踏むなとか、髪の毛を染めるなとか、スカートが短いとか、腰パンはやめろとか、いわゆる「生徒指導」にかかわる役割を主に担ってきたのが、体育の先生だったわけです。

もうなんとなく話のオチが見えてきたかもしれませんが、そのように規律に関する指導をしていた体育の先生が、ある日から、授業でヒップホップ・ダンスを教えなければいけなくなったわけです。私自身も実際に経験したことですが、これには、なかなかの難しさと、苦しさと、そして「恥ずかしさ」を感じました。だって、ピシッと規律を守らせておいて、次の瞬間にヒップホップはできないでしょう……。そのようなギャップには、「体育ぎらい」の人だけでなく、体育の先生も悩んでいる可能性があることは、ぜひ知っておいてもらえるとうれしいです（もちろん、だからと言って、映像だけ見せて生徒に踊らせて、自分は何もしない体育の先生はダメですよ……）。

恥ずかしさと他者

本章では体育の授業に着目して、「体育ぎらい」について考えてみました。その際、重要なキーワードになったのが「恥ずかしさ」です。この恥ずかしさは、本章で取り上げることのできなかった、「体育ぎらい」にかかわる体育授業のさまざまな事柄とも密接に結びついています。

たとえば、体育の授業や運動会で行われる短距離走やクラスリレーなどで、自分が走者のときに他のクラスに抜かれたり、場合によっては転んだりしてしまった場合、そこにとんでもない「恥ずかしさ」が発生することは明らかです。実際、そのような経験によって「体育ぎらい」になった人も少なくないと思います。そこでもやはり、「恥ずかしさ」と「体育ぎらい」は、堅く手を結んでいます。

しかし、本章で見てきたように、この「恥ずかしさ」は、私たちにとってある意味では当たり前の感情であり、むしろ、他者とともにこの世界で生きていくために不可欠の役割を担うものですらありました。そのため、この恥ずかしさは否定したり乗り越えたりするべきものではなく、むしろ、うまく付き合っていくことが最善の道であると言えます。

そのために重要になるのが、私たちの周りにいる「他者」の存在です。私たちの周りにいる他者は、本章でサルトルの議論に見たように、私たちが「恥ずかしさ」を感じるそのスタートにいる存在です。その意味で、他者は恥ずかしさの原点です。

しかし、それは同時に、次のことも意味するはずです。すなわち、その他者との関係次第では、恥ずかしさの意味もガラッと変わる可能性があるということです。先ほど挙げたリレーの例で言えば、転んでしまったとき、クラスメイトが悲嘆や嘲笑ではなく、心から心配してくれたり、温かい労《ねぎら》いの言葉をかけてくれたり、さらには、すぐに駆け寄ってくれたりしたとしたら、そこに生まれる「恥ずかしさ」の意味は大きく変わるはずです。

同じことは、体育の授業で起きているさまざまな事柄についても言えます。跳び箱で失敗したとき、ダンスの振りを間違えたとき、ノーマークのシュートを外したとき。そのときに周りの他者がどのような反応をするかによって、私たちが感じる「恥ずかしさ」の意味は変わります。

それはたとえば、小さい子が何かに失敗したときに、優しく見守っている大人がいることによって、安心してもう一度挑戦しようと思えることと似ています。逆に言えば、本章で言及した「公開処刑」の場には、安心できる他者がいないということです。

大切なので繰り返しますが、「恥ずかしさ」をこの世からなくすことができない以上、体育の授業からなくすこともできません。しかし、それが私たち一人ひとりにとって持つ意味を変えることはできます。そして、これが現時点で私がみなさんにお伝えできる、「恥ずかしさ」と付き合っていく唯一の手段です。こんな些細なアドバイスしかできなくて、ごめんなさい。ここでも明らかになったように、「恥ずかしさ」の問題も、一人では太刀打ちできません。私たちには、やはり他者が必要なのです。

他者を感じるための運動

このまま本章が終わるとあまりに絶望的な感が否めませんので、最後に、少しだけでも希望を示しておきたいと思います。それは、この他者の問題が体育の授業において決して無視されているわけではない、という点に関係する希望です。

体育の授業のなかで、他者や他者のからだに注目することを目指したものとして、「からだほぐしの運動」を挙げることができます。この運動は、それまで「体操」と呼ばれていた領域と入れ替わるかたちで、一九九八年から「からだつくり運動」の一つとして正式に体育の授業に取り入れられるようになりました。

「からだほぐしの運動」の主な内容は、お互いにリラックスして、からだをほぐすマッサージやストレッチなどの活動です。それらを通して、他者のからだの在り方に気づくことが、からだほぐしの運動では目指されます。そのためそこでは、うまいとか速いとか、ましてや強いといった基準は、まったく必要ありません。そのような競争的な要素ではなく、一人ひとりのからだの在り方や感じ方こそが大切にされます。先ほど述べた感性の問題、特に自分自身や他者のからだに対する感性が、この活動では何よりも大切にされるということです。その意味では、規律によるからだのコントロールとは正反対の活動であると言えます。

改めて強調しますが、このような運動が体育の授業に取り入れられたのは、ここ二〇年ほどのことですし、その試みも順風満帆に進んでいるとは言えないかもしれません。ただし、少なくともそれまで体育の授業では、他者の存在を大切にする活動が、なかったとは言いませんが、少なかったとは言えると思います。だからこそ、本章で挙げた跳び箱やリレーの例のように、他者との関係に起因する問題が残ったままであったのかもしれません。このような事情を踏まえると、これからの体育の授業にも、まだ希望を見出すことはできるのではないかとも思います（この点については、第六章でもう少し詳しく論じます）。

とは言ってみたものの、その体育の授業を実際にやっている、体育の先生がそもそも嫌いなのでやっぱり無理です、という人も少なからずいると思います。そうなんです、授業の内容をいくら工夫しても、実際にみなさんが体育の授業を経験するのは、それが学校の授業である以上、「体育の先生」を抜きにしてはあり得ないわけです。

ここに、「体育ぎらい」にかかわるもう一つの大きな問題がありそうです。というわけで、次章では、体育の先生にフォーカスしてみたいと思います。

第三章　体育の先生がきらい「怖くても、ユルくても」

前章でも述べたように、体育の授業に対して私たちが持っているイメージは実に多様です。ただし、そうは言っても、どの体育授業にも必ず共通している点があるはずです。本章からは、それらの共通点に着目して、「体育ぎらい」をさらに考えていってみたいと思います。そのトップバッターは「体育の先生」です。

「体育ぎらい」の人のなかには、そもそも「体育の先生の話なんか聞きたくもない！」という人も多いと思います。正直なところ、その気持ちもわからなくはありません。ただ、「体育ぎらい」にとっての最大の敵（？）とも言える「体育の先生」については、やはり知っておいて損はない、いやむしろ、その正体を深く知っておくことはきっとどこかで役に立つはず……ということで、早速始めていきましょう。

「先生が嫌い」と「教科が嫌い」

体育の先生と「体育ぎらい」が密接に関係していることは、多くの人が経験的にも知っていると思います。その主な理由は、中学校や高等学校では、小学校までと違って、教科ごとに担当する先生が決まっているからだと考えられます（最近では、小学校でも教科担任制が導入され始めています）。体育は坂本で、国語は渡辺、といったように、教科とその授業を担当する特定の先生がセットになっているわけです。

このことは、ある「先生が嫌い」であることと、その先生が担当する「教科が嫌い」であることが、ほとんどイコールになってしまう可能性（危険性）を示唆しています。

この問題について、一つの事例を挙げてみます。

それは、ある中学生が、入学してはじめての英語の授業を受けたときのことです。最初ですので、アルファベットの大文字を書く練習からスタートしました。そこでその生徒は、「A、A、A、……」とノートに一所懸命に書いていたところ、先生にこう言われました。「君ね、「、（てん）」は必要ありません。そもそも「、（読点）」は英語にはありません」と……。そして、「たったそれだけのコト」がきっかけで、その生徒は英語という教科が一気に嫌いになってしまいました。

この例において、先生がその生徒に言ったことは決して間違っていません。確かに、英語では「、(読点)」は使いません。でも、少しだけ想像してみてほしいのですが、そもそもこの生徒は、生まれてはじめて英語というものに触れたわけです。したがって、英語では「,(カンマ)」を使うといった基本的なルールすらわかっていなかったということです。その彼にとって、先生の指摘は、実際のところ意味不明でしかありませんでした。むしろ、「一所懸命に書いているのに、なんで文句言われなくちゃいけないんだよ」くらいに思えたわけです。

あ、わかっちゃいましたか。そうです、この「ある中学生」は私です。この事例は私の実体験です。もちろん、今から振り返ると、随分とちっちゃいことを気にする(面倒くさい)奴だったなと思いますが、当時の私にとってこの出来事は、まさに「英語ぎらい」を決定づける大きな問題だったわけです。いずれにしても、このように「先生が嫌い」と「教科が嫌い」が結びついているという問題は、「体育ぎらい」にも深くかかわっていると考えられます。

先生の「イメージ＝像」

もちろん、体育の授業が多様であったのと同じように、体育の先生にもいろいろな人がいます。ただし、このテーマに関して一つ興味深いことは、一般的に「体育の先生」と言った場合に、多くの人が頭に思い浮かべるイメージが案外共通しているという点です。

このイメージのことを、専門的な言葉では「体育教師像」と呼びます。「イメージ＝像」ということです。そのイメージの具体的な内容を見る前に、一つだけ指摘しておきたいことがあります。それは、学校にはさまざまな教科の先生がいるなかで、この「イメージ＝像」が特に問題になるのが体育の先生である、という点です。

中学校や高等学校においては、体育の先生のほかにも、国語の先生や数学の先生、英語や理科や社会の先生もいますし、美術や音楽の先生もいるはずです。もちろん、それらの先生の「イメージ＝像」も話題になることはあるかもしれませんが、それらが真剣に議論されることはほとんどありません。

それに対して、体育の先生の「イメージ＝像」は、学校や社会における一つの問題として、これまでにも盛んに論じられてきました。そして、体育の先生へのそのような注目には、「体育ぎらい」にかかわる事柄が深く関係していると言えます。確かに、「国語教師像」とか「音楽教師像」とかは大きな話題にならないのに、「体育教師像」は問題になることと、「国語ぎらい」や「音楽ぎらい」よりも「体育ぎらい」が大きな注目を集めていることには、どこか共通する問題の構造がありそうです。

ここからわかるように、体育の先生の「イメージ=像」は、ほかの教科の先生と比較して、よくも悪くも目立っています。とすると、ほかの教科と体育との違いは、一体どこにあるのでしょうか。本章では、この「イメージ」を手がかりに、「体育ぎらい」について考えていってみたいと思います。

よく見られる残念なイメージ

まずは、私たちが体育の先生に対して持っているイメージを確認するところから始めていきましょう。とは言っても、みなさんが実際に出会った体育の先生は、きっとみんな違う先生ですし、そのイメージも多様であると考えられます。そのためここでは、テレビやインターネットなどのメディアに描かれる体育の先生のイメージに着目してみたいと思います。とりあえず、それを私たちのイメージの代表として話を進めていきましょう。

学校が舞台となるドラマや映画、また小説やアニメにおいて、体育の先生が「主役」として描かれることは、ほとんどありません。多くの場合、体育の先生は空気の読めない役や、声が無駄に大きく、ときには竹刀を持っている（?!）ような姿で描かれている印象があります。そして、メディアでのそのような描かれ方は、同時に、そのような体育の先生のイメージが、私たちの社会において少なからず共有されているということを示唆してもいます。

ちなみに、体育の先生が主役になっている数少ない例外として、次の二つのドラマを挙げておきたいと思います。

一つは、「スクール☆ウォーズ」（山下真司主演、TBS、一九八四〜八五年放送）です。これは、知っている人もいるかもしれません。京都の市立伏見工業高等学校ラグビー部をモデルにしたと言われている、いわゆる「スポ根（スポーツ＋根性）」ドラマです。もちろん、そこに描かれる体育の先生は、ラグビー部の生徒をボコボコにしながら鍛えていきます……。

もう一つは、二〇一三年にTBSで放送された「放課後グルーヴ」というドラマ（高梨臨主演、全一〇話）です。このドラマでは、女性の体育の先生が主役でした。ただし、こちらも詳しく見るとわかるように、その体育の先生は「元ヤン」、つまり以前は不良であったという設定がなされています。これはこれで、特定のイメージが共有されている例と言えそうです。

怖そう――体育の先生と暴力

このように、メディアに描かれてきた体育の先生のイメージは、どこか暴力的であり、「そりゃ嫌いになるでしょ」といったようなものが多いことは否定できません。その点、みなさん自身が現実にかかわっている（いた）体育の先生が、そのようなイメージに当てはまっていないことを祈るばかりです。実際に、たとえば次に挙げるデータは、このようなイメージが必ずしもメディアによる演出上の問題だけではないことを示しています。

一九八六（昭和六一）年に当時の文部省初等中等教育局が公表した調査結果では、中学校で体罰を起こした先生の、教科別の割合が示されています。[3] これを見てみると、体罰を起こして処分された先生のなかで、体育の先生が占める割合が四二・六％と、圧倒的に高いことがわかります。ちなみに、二位は国語の先生で一四・九％、三位が英語で一二・八％ですので、体育の先生の首位が、どれほど揺るぎないものであったかがわかると思います。

もちろん、これは三〇年以上も前のデータですし、現在も同じような割合であるのかどうかはわかりません。この調査以降、教科別の割合を調べたものは見当たりません。

また最近では、学校における先生の暴力が、昔と比べて確実に減ってきていることを示すデータもあります。たとえば、東京都の公立学校においては、二〇一八（平成三〇）年度に体罰を行った人の数は、二〇一二（平成二四）年度と比較して、約八分の一に減少していることが報告されています。[4]

しかし、それにもかかわらず、竹刀を持って学校のなかを歩いているような体育の先生の怖いイメージは、必ずしもなくなってはいないようです。実際に最近でも、体育の先生をゴリラに見立てた、その名も『ゴリせん〜パニックもので真っ先に死ぬタイプの体育教師〜』（酒井《さかい》大輔《だいすけ》、講談社）という漫画が出版されています。この漫画では、体育の先生が比較的ポジティブに描かれてはいますが、少なくとも暴力的で怖い体育の先生のイメージが私たちの社会にいまだに存在していることは、一つの事実だと言えます。そして、もちろんそのような怖いイメージは、「体育ぎらい」に深く関係していると考えられます。

偉そう――生徒指導という役割

それにしても、一体なぜ、そのようなイメージがいまだに残っているのでしょうか。その理由の一つには、実際に体罰を振るうことが少なくなっているとしても、やはりその言動が怖いイメージを喚起させている可能性が挙げられます。たとえば、体育の先生のことが嫌いな人のなかには、生徒への接し方や態度が「偉そう」だからとか「高圧的」だからという理由を述べる人が少なくありません。その「偉そう」や「高圧的」にもいろいろなバリエーションがありそうですが、その最も典型的なものは、「生徒指導」にかかわるものと言えます。

前章でも少し触れましたが、みなさんの学校での生活面にかかわる指導を、体育の先生が中心的に担っていることが、「偉そう」で「高圧的」なイメージを持たれる一つの原因だということです。頭髪の色や制服の着方、靴下の色や履物の種類に至るまで、学校によって違いはあるとしても、それらは指導の対象となっています。

もちろん、これらは体育に限られた話ではなく、学校生活の全体にかかわる問題です。しかし、注目すべきことは、学校においてそのような生徒指導の役割を中心的に担ってきたのが、なぜか体育の先生であったという点です。学校生活全体の問題であれば、すべての教科の先生が同じようにかかわってもよいはずです。しかし、現実がそうではなかったとすると、そこには何か理由があるのでしょうか。

なぜ生徒指導を体育の先生が担うことが多いのかについては、いくつもの理由が考えられます。そのすべてをここで挙げることはできませんが、少なくとも、前章で論じた「規律」の問題が、この点にも関係していることは確かです。つまり、頭髪も服装も、生活態度も、ある意味ではすべてが生徒の「からだ」にかかわる問題だということです。だからこそ、その「からだ」を「コントロール＝管理」する役割が、体育の先生に特権的に委ねられてきたことは、自然、というよりも、むしろ必然であったと言えます。

また、そのような直接的な管理というかたちではなくとも、たとえば冬場の体育授業において、生徒は半袖半ズボンで持久走をやらされているのに、先生だけとても暖かそうなベンチコートを着て、「偉そう」に指示をして立っているだけ、といった場面なども、おそらく少なくない人が経験していると思います。このような姿が、体育の先生の「偉そう」というイメージを強化していることも、あるかもしれません。

命令口調がイヤ

この「偉そう」なイメージに関連して、体育の先生の「命令口調」に拒否反応を示す人も多いのではないでしょうか。本章でこのあとに挙げる「気をつけ」や「休め」などの指示は、まさにその象徴です。ほかにも、授業中に「真面目にやれ」とか「真剣に取り組め」といった言葉を体育の先生に言われた人も、「体育ぎらい」のなかには少なくないと思います。

また、命令口調というわけではなくとも、体育の先生のなかには、生徒のことを「お前」と呼んだり、ときには「バカだな」とか「下手くそだな」とか「どんくさいな」といった言葉を、本人は親しみを込めているつもりで、悪気もなく言ったりする先生もいます。もしかすると、もっとヒドイことを言われた人もいるかもしれません。

このような言葉遣いも、体育の先生の暴力的なイメージに強く影響しています。それもそのはずで、たとえ実際に叩《たた》かれたり蹴られたりしなくとも、私たちは言葉によって傷つくことがあるからです。いわゆる「言葉の暴力」です。

この点は、とても重要です。私たちは往々にして、「暴力」と聞くとパンチとかキックをイメージしがちです。しかし、私たちの周りには、言葉の暴力も多く存在しています。しかも厄介なことに、物理的な暴力がその行為（パンチとか）も結果（アザとか）も目に見えやすいのに対して、言葉の暴力は、その結果が目に見えることがほとんどありません。そのため、誰かが言葉の暴力によって傷ついていることに、周りが気づきにくいという問題もあります。

このような体育の先生の言葉の問題がヤヤコシイのには、もう一つ大きな理由があります。それは、何を言われたかという言葉の種類だけでなく、誰が言ったかや、さらには、どのように言ったか、ということまでもが、大きな意味を持っているからです。たとえば、先ほどの「バカだな」という一言にしても、それを言ったのが親しい友達なのか、それとも見ず知らずの人なのかによって、それを言われた私たちの反応はまったく異なったものになります。また、それが優しさを伴ったあたたかい言い方なのか、それとも侮蔑を伴った冷たい言い方なのかによっても、私たちの受け取り方はまったく異なってくるはずです。

このような例が示唆しているのは、体育の先生の命令口調がイヤだと感じている人も、実際は、そこで使われた言葉そのものではなく、むしろ、その話し方や言い方に拒否感や違和感を抱いている可能性があるということです。そして、この話し方や言い方の問題は、体育の先生のイメージと深くつながっています。この点について、詳しくは本章の最後に改めて考えてみたいと思います。

いずれにしても、怖そうや偉そうといったイメージが体育の先生にはあり、それに結びつく役割を体育の先生が実際に担っていることも、どうやら確かなようです。では、そのような体育の先生のイメージや役割は、一体どこからやってきたのでしょうか。

体育の先生は軍人的？

私たちが体育の先生に対して抱いているイメージの起源について、昔からよく指摘されてきたことがあります。それは、歴史的に体育の先生には、軍隊を経験した人が多かったということです。そして、これは一つの事実です。

細かい話は省きますが、少なくとも、日本において学校教育が明治時代に始まった頃には、軍隊を退役した人を、優先的に体育の先生として採用していたことがありました。現在の学校教育の原型は、一八七二（明治五）年の「学制」という制度の開始とともに始まりました。その後の一九二四（大正一三）年の調査では、体育の先生の半分以上が退役軍人だったとも言われています。そこから、一九四五（昭和二〇）年に日本が太平洋戦争に敗戦し、学校教育の抜本的な改革が行われるまでのおよそ七〇年の間、なんらかのかたちで、退役軍人が学校の体育にかかわっていたと考えることができるわけです。

二〇二三年の現在から振り返ってみると、日本の学校における体育の歴史の約半分は、退役軍人を体育の先生にしていくことを、国として進めていたという事実が見えてきます。そして、このような歴史を踏まえて体育の先生のイメージに話を戻していくと、そこには必然的に、「軍人的」なイメージが見出されることになります。

ここで軍人的と言われるイメージには、前章でも述べた「規律」や「管理」のイメージがピッタリと重なります。つまり、整列や号令、そして行進などは、まさに軍隊において求められていたものと合致しているわけです。したがって、そのような体育の授業における先生の役割とは、さながら軍隊の指揮官のようなものであったと考えられます。言われてみれば、「気をつけ」や「休め」なども、完全に軍隊の名残だということがわかります。

余談ですが、私たちが経験している「気をつけ」の姿勢は、昔の軍隊で行われていたものとは全然違うようです。軍隊では踵《かかと》重心ではなく、上半身を一五度前傾させていました（竹内敏晴、一九九九年、『教師のためのからだとことば考』、筑摩書房）。それが、次の行動にすぐに移ることのできる、極めて実践的な姿勢だったからです。この点、今私たちが学校でやっている「気をつけ」は、全然動ける感じのない、むしろ固まった姿勢です。これは、昔の名前だけが残っている、形骸化の典型例だと言えます。

体育の先生はスポーツのコーチっぽい？

もちろん、戦後七〇年以上経った現代では、その影響もだいぶ弱まり、軍人的な体育の先生のイメージはかなり薄まってきたように思います。確かに、思いっきり軍人みたいな先生は、ほとんどいないはずです。その変化にもさまざまな要因が考えられるわけですが、その一つの大きなきっかけは、体育の授業で行われる内容が、前章で述べたような体操中心から、現在のようなスポーツ種目中心に変化したことにあると言えます。

先ほど述べたように、日本の体育は、一九四五（昭和二〇）年の敗戦まで、基本的には体操科（戦時中は体錬科）として存在していました。そして、戦後の一九四七（昭和二二）年の「新学制」の開始によって、そのような体育の在り方が大きく変わることになります。

みなさんも歴史の授業などで習ったと思いますが、戦後、日本はアメリカの主導によって、社会のさまざまな場において民主化が図られました。もちろん、そこには学校教育も含まれていました。体育の授業における民主化政策の目玉となったのが、体操中心からスポーツ種目中心への変更であったと言えます。

戦時中の日本では、敵国であった欧米のスポーツを行うことには制限がありました。有名なところでは、敵性語として英語が禁止されたため、野球の「ストライク」を「よし」と言っていたことや、「三振」を「それまで」と言っていたことなどがあります。だからこそ戦後は、むしろその欧米の民主的な文化と精神を象徴するものとして、体育の授業にスポーツ種目が多く取り入れられるようになったわけです。

そうなると、体育の授業で子どもたちが見る体育の先生の姿も、戦前戦中と戦後とでは、ガラッと変わることになります。つまり、戦後の体育授業においては、さまざまなスポーツ種目を教える先生、すなわちそれは、ほとんどスポーツの「指導者＝コーチ」のような存在として見られるようになったと言えます。そして、その「コーチ的」なイメージは、今日においてもそのまま受け継がれています。

「君が論じている体育の先生は、男だけだよね」の衝撃と反省

このスポーツのコーチ的なイメージは、場合によってはより広く、「スポーツマン的」[6]と言われることもあります。確かに、個人的な経験を思い出してみても、職業が体育の先生だと言うと、「じゃあスポーツ万能ですね」といった反応をされることは少なくありません。

ちなみに、この「スポーツマン」という言葉、最近ではあまり使われなくなってきています。なぜかというと、スポーツマンの「マン＝man」という言葉遣いが「man＝男性」の意味を強く持っているため、「woman＝女性」を含めないニュアンスが出てしまうからです。このことは、たとえば、かつて看護「婦」さんと呼んでいたのが、現在では看護「師」さんと呼ばれるようになっていることと、同じような変化だと言えます。それと同じ論理で、スポーツマンを「スポーツパーソン」と呼ぶようになってきてもいます。これに付随して、「スポーツマンシップ」を「スポーツパーソンシップ」と呼ぶ場合も出てきているようです。

体育の先生を考える本章でなぜこのような話をしたかというと、このジェンダーの観

点が、体育の先生についても同様に重要だと考えられるからです。私がこのことを痛感した例を挙げて、確認してみたいと思います。

私が大学院生であったときの話です。体育の先生に関する研究の発表（博士論文の公開審査会）を行い、発表を聞いてくださった先生方からの質問に答えていました。質疑の時間がほとんど終わりかけていたときに、ある先生に次のように言われました。「君が論じている体育の先生に、女性は含まれていないんじゃないですか？」と。これは、衝撃的な質問でした。

なぜそれが衝撃だったのかと言うと、本当に恥ずかしいことですが、それまで何年も体育の先生に関する本や論文を、読んだり書いたりしてきたにもかかわらず、そのことをきちんと自覚したことがなかったからです。もちろん、女性の体育の先生の授業を受けたことは何度もありましたし、職場でも毎日女性の体育の先生と顔を合わせていました。しかし、いざ真剣に体育の先生のことを考えようとすると、まさにその「イメージ」として浮かんでくるのは、男性の体育の先生だったわけです。私はその質問を受けて、自分でもビックリしてしまいましたし、それと同時に、深く反省もしました。

みなさんはどうでしょうか。この話を聞くまでに、本章を読みながらイメージしていた体育の先生には、女性の先生も含まれていたでしょうか。一度、振り返ってみてください。

ユルい体育の先生の姿

また、大学で体育の授業や先生に関する講義をしていると、受講している大学生から、彼らが中学校や高等学校で出会ってきた体育の先生の話を聞くことがよくあります。すると、なかにはトンデモない先生たちがいることがわかってきます。

たとえば、授業では出席をはじめに確認するだけで、「あとはお前たちでやっとけ」と言って授業を生徒に丸投げする先生。それから、「じゃあ試合やっとけ」と言って、一年中、バレーボールやサッカーといった一つの種目の試合だけをただやらせている先生。さらに、生徒に何をやるか伝えると、おもむろに体育教官室に戻って行く先生。なかには、授業中に体育館で居眠りをする先生までいるそうです。

あまり体育の先生の醜態を世に曝《さら》すのも心苦しいので、これくらいで勘弁していただきたいと思うのですが、少なくとも、このような体育の先生が二一世紀のこの日本に存在していることは、残念ながら事実のようです。そして、このような体育の先生の姿は、上述のメディアに描かれるような怖いイメージよりも、あまり目立ちません。なぜなら、このような体育の先生は、必ずしも「体育ぎらい」に直結していないように思われているからです。一体どういうことでしょうか。

「体育ぎらい」のなかには、前章で論じた「規律」や「恥ずかしさ」を理由に体育が嫌いになった人もいれば、次章以降で論じる「スポーツ」や「運動」が嫌いだから体育も嫌いになったという人もいます。しかし、この両者にとって、ここで示したような「ユルい」体育の先生とその授業は、そこまで「嫌い」な対象とはならない可能性がありま す。なぜなら、そのような「ユルい」先生は、授業において、生徒に働きかけることが少ない、もしくは、そもそもないからです。

確かに、授業を生徒に丸投げする先生に、無理矢理走らされたり、怖い跳び箱を跳ばさせられたりすることはないわけです。生徒の側からすると、そのような体育の先生は、ある意味では「無害」な存在になるかもしれません。つまり、「好き」とか「嫌い」ではなく、むしろ「関係のない」存在になるわけです。

このように言うと、そのような「ユルい」先生は、「体育ぎらい」にとっては「救世主」のように見えるかもしれません。だって、いろいろと強制されたりしないわけですから。しかし、もちろん現実はそう単純ではありません。むしろ「ユルい」体育の先生には、「体育ぎらい」を新しく生み出してしまう可能性さえあります。

ユルい先生が「体育ぎらい」を生む？

すでに「体育ぎらい」の人にとっては、「ユルい」体育の先生は確かに「無害」な存在になり得ます。しかしそれは裏を返すと、まだ「体育ぎらい」になっていない人、つまり、体育が好き、もしくは、好きでも嫌いでもない人にとっては、「無害」ではない可能性があるということです。

たとえば、運動が得意というわけではないけれど、運動したりスポーツしたりするのは別にイヤじゃない、という人がいたとします。その人はもしかすると、もう少し運動をすることで、上達することに喜びを感じることができるかもしれませんし、友達と一緒に動いたりスポーツしたりすることが楽しくなるかもしれません。しかし、そのような人にとって、上述の「ユルい」先生は、その期待や可能性に応えてはくれません（だって、居眠りしたりしているわけですから……）。

つまり、「ユルい」先生は、まだ「体育が嫌い」ではない人にとっては、体育を好きになる可能性を摘み取る存在になり得るということです。なぜなら、そのような「好きでも嫌いでもない人」は、まだ運動やスポーツの面白さや楽しさに触れる経験をしていないだけかもしれず、そのため、そのような経験を体育の授業ですることができれば、少なくとも「体育ぎらい」にはならないで済む可能性が十分にあるからです。

重要なことは、そのような好きでも嫌いでもない人が、現実には多くいるということです。「はじめに」で述べた「あいだ」の話を思い出してください。たとえばそこには、体育の授業をはじめて受ける人のほとんど全員が当てはまります。この日本で毎年どれだけの子どもたちが、はじめて体育の授業を受けるのかを想像してみると、この「あいだ」にいる人が、実際はかなりの人数にのぼることがわかるはずです。そして、それは同時に、「体育ぎらい」の予備軍でもあるわけです。

さらに言うと、そのような「ユルい」先生は、「好きでも嫌いでもない人」だけでなく、むしろ「体育が好き」な人にとっても、その「好き」という感情を損ねる存在になり得ます。すでに「体育が好き」な人のなかには、さらに運動やスポーツに取り組み、もっともっと上達し、その楽しさを味わいたいと思っている人が少なからずいます。そのような人にとって、授業丸投げで居眠りなどをしている「ユルい」先生は、少なくともその興味や関心を高めてくれる存在ではありません。

それゆえ、「ユルい」体育の先生は、まだ体育が好きでも嫌いでもない人と、すでに「体育が好き」な人のいずれをも、「体育ぎらい」にしてしまう可能性があると言えます。これはこれで、「体育ぎらい」にかかわる大きな問題です。ちなみに、そのような「ユルい」先生に対して私がいつも感じることは、むしろ、そのような先生たちこそ「体育ぎらい」なのではないか、という疑問です。その意味では、そのような「ユルい」先生たちも、本書のターゲットなのです（読んでくれるかな……）。

先生の空回り、もしくは不幸なすれ違い

「体育ぎらい」とも言える「ユルい」先生の話が続きましたが、もちろん、体育の先生はそのような先生ばかりではありません。「体育が好き」で、その楽しさや面白さをなんとか生徒に伝えようと、一所懸命に取り組んでいる体育の先生が大多数であることを(信じながら)、ここで声を大にしてお伝えしておきたいと思います。

そもそも、体育の先生になる、もしくはなろうと考えている人の多くは、体育が好きであることが多いはずです。確かに、体育が嫌いなのにあえて体育の先生を目指す人は、かなり珍しいでしょう。しかし、それでもなお「体育ぎらい」が存在しているということは、その原因を「ユルい」先生や怖い先生の責任だけにしておくことはできない、ということでもあります。次に見るように、体育の先生の大多数を占めるそのような「体育が好き」な先生もまた、実際には「体育ぎらい」に深くかかわってしまっている場合があります。

たとえば、よく言われることですが、体育が好きな先生は、「体育が嫌い」な生徒の気持ちを理解できないことがあります。前章で挙げた「恥ずかしさ」を例にしてみます。仮に、生徒がクラスメイトの前で踊ることを恥ずかしいと感じていたとしても、先生は、

「大丈夫、恥ずかしくないからやってみよう！」と言ったりすることがあります（言っちゃいそうです……）。

このようなやりとりは、恥ずかしさにかかわる状況に限られません。跳び箱を跳ぶことや水泳で水に顔をつけることが怖いときなどにも、多くの先生は生徒を励ますために、「怖くないから、やってみよう」とか「だまされたと思って、一回やってみよう」と言うことはないでしょうか。みなさんにも、このような言葉をかけられた経験があるかもしれません。

でも、実際に生徒は怖さを感じているわけですから、先生の「怖くないから……」という言葉を、そのまま素直に受け取れるとは思えません。むしろ、そのような状況によって、少なくない生徒が「体育ぎらい」への道を歩み始めてしまうのではないでしょうか。なぜなら、彼らの気持ちを代弁すると、「いや、私が実際に恥ずかしいとか怖いと感じてるんだから、先生の感覚を押しつけないでほしい！」といった感情を抱くと考えられるからです。ここから「体育ぎらい」までは、もう目と鼻の先です。

「体育が好き」な先生が陥りがちな問題は、まさにこのような押しつけとも捉えられる態度を、悪気もなく、いやむしろ親切心からとってしまうことにあると言えます。もちろん、そのような先生の態度と姿勢は、運動やスポーツの楽しさや面白さをなんとかして生徒に伝えたいという、情熱の現れと捉えることもできるでしょう。しかし、それは同時に、「体育が好き」なわけではない、もしくは「体育が嫌い」な生徒の目には、「体育が好き」な先生の「空回り」にしか見えないわけです。ここには、体育の先生と生徒との「不幸なすれ違い」があります。

そもそも体育を好きにさせる必要はある？

このようなすれ違いの背景には、生徒に「体育を好きにさせたい」という、体育の先生の思いがある場合もあります。みなさんに「体育を好きになってもらいたい」という思いを持ちながら授業を行っている先生が、少なくないということです。

これは、先生の立場からすると、一見当たり前のように見えます。だって、自分の教える教科を嫌いになってほしいわけはないですし、その授業を受ける生徒が好きになってくれたら、単純にうれしいはずです。それは確かにそうなのですが、でもそれって、ちょっと変なんです。なぜかというと、先生がうれしいから、っていうのは、あまり重要なことではないからです。当たり前ですが、体育の授業は、先生がうれしかったり喜んだりすることを目指してやっているわけではありません。だとすると、体育の先生が生徒に体育を好きになってもらいたいと思って授業を行うことは、本当は全然当たり前ではないことになります。

もちろん、多くの体育の先生はそんなことを承知の上で、あえて体育を好きにさせようとしていると思います。それはなんのためかと言えば、体育を好きになることによって、授業で行われるさまざまな活動に、生徒が積極的に取り組んでくれるようになると考えているからです。つまり、先生にとってより重要なことは、生徒が体育を好きになることよりも、むしろ、それを通して多くの大切なことを経験し学んでもらうことなのです。たとえば、ほとんどの体育の先生は、きっと、新しい運動ができるようになる楽しさやうれしさや喜びを、生徒に感じてほしいと思っているはずです。

しかし、残念ながら、そんなことは生徒の立場からすると、知ったことではありません。むしろ、そのような先生の意図はよく見えませんので、ただただ、先生が自分たちに体育を好きにさせようとしている、としか感じられないかもしれません。それは先ほど論じたように、「好き」の押しつけにほかなりません。そのようにして、「不幸なすれ違い」が生まれると言ってもよいかもしれません。

「体育を好きにさせる」ことをめぐるこのような考え方については、異なる立場や意見もあると思います。ただ、少なくとも私は、体育を好きにさせることは、あくまでも手段としての意味しかないと思っています。なぜなら、人が何かを好きになるという出来事は、他者が簡単にコントロールできる性質のものではは、そもそもないと思うからです。誰かを好きになるとか、あるスポーツを好きになるとか、哲学を好きになるとか……それらは明らかに偶然の出来事で、だからこそ運命的なものでもあるはずです。誰かに仕向けられて、その意図に沿って好きになるものではないと思います。

「はじめに」でも述べたように、本書の基本的なメッセージは、みなさんに体育を好きになってもらうことではなく、むしろ、「「体育」なんて好きにならなくてもいい」というものでした。ここまでの議論を踏まえると、「体育を好きになること」よりも、もっと大切なことが体育にはあるという、少し前進したメッセージが徐々に浮き彫りになってきたのではないでしょうか。

「体育教師らしさ」の問題

本章では体育の先生に焦点を合わせて、「体育ぎらい」を考えてみました。ここにもいろいろな論点があったわけですが、最後に、もう一度イメージの問題を振り返りながら、本章のまとめと次章へのつながりを示したいと思います。

体育の先生には、「体育ぎらい」を生み出す要素が満載でした。その要素は、怖そうや偉そう、またはユルいといったイメージに象徴され、話し方などの具体的な姿としても確認できました。そのようなイメージを、専門的には「体育教師像」と呼ぶことは本章のはじめに紹介しましたが、これをもう少し、体育の先生の現実の姿に重ねて言い表したものに、「体育教師らしさ」というものがあります。

「体育教師らしさ」とは、文字通り、私たちが見て、明らかに「あの人って体育の先生っぽいよね」と思ってしまうような言動のことを指しています。たとえば、本章で言及した、怖そうで高圧的な態度だったり命令口調だったり、もしくはいつもジャージを着ていたりすることなどが、そこには含まれます。そして、これが重要な点ですが、そのような言動は、日常的な振る舞いや行動、言葉遣いから身のこなしまでを広く含めた、体育の先生の「からだ」にかかわる問題なのです。なぜ「からだ」なのかと言うと、体育の先生たちはこれらの「体育教師らしさ」を、「よし、身につけるぞ！」と思って勉強したわけではなく、むしろ本人も気づかないうちに、いつの間にか身につけてしまっているからです。

このことは、たとえば「体育ぎらい」の人が「体育の先生」について（あまり好ましくない表現ですが）「生理的にムリ」と口にすることにも表れています。この表現に込められている意味をあえて解釈すると、それは、「うまく言葉にできないけど、なんだかイヤな感じがする」といった意味だと言えます。つまり、この表現は、「体育ぎらい」の人が体育の先生の「からだ」のレベルでのあり方、すなわち「体育教師らしさ」に影響されていることを、象徴的に表していると捉えることもできるわけです。

さらに、この「体育教師らしさ」については、いくつか面白い点を指摘することができます。たとえば、「あの人って体育の先生っぽいよね」という表現がまさに示しているように、これは、体育の先生以外にも使えてしまう言葉です。みなさんのまわりにも、「体育の先生っぽい」数学の先生や社会の先生が、もしかするといるのではないでしょうか。この例は、さらに次のことを私たちに連想させます。すなわち、その「体育教師らしさ」は、必ずしも体育の授業で身につくわけではないということです。だって、もし体育の授業で身につくとしたら、中学校や高等学校で体育の授業を受けているはずの、本書を読んでいるみなさんも、全員が「体育教師らしさ」を身につけていることになってしまうからです。

これらのことを踏まえると、「体育ぎらい」にも深くかかわるこの「体育教師らしさ」は、一体どのように身につけられるのか、という疑問が浮かんできます。次章では少し寄り道をして、この点を、「体育ぎらい」との関係に着目しながら検討してみたいと思います。

第四章　運動部がきらい「体育教師らしさの故郷」

体育の先生に特有の身振りや言葉遣いを表す「体育教師らしさ」は、どのように身につけられるのか。これが前章で残された課題でした。この課題に応えるために、本章では、運動部活動に目を向けてみたいと思います。えっ、なんで運動部活動なのかって？確かに、運動部活動は、一見「体育ぎらい」とは関係がないように思われるかもしれません。しかし、本章で見ていくように、運動部活動は「間接的なかたち」で「体育ぎらい」にかかわっている可能性があります。そのことを、確認していってみましょう。

体育の先生と運動部活動

運動部活動は、よくも悪くも昔から話題になることが多いですが、現状では、中学生や高校生の参加率の低下が指摘されています。[7,8] ところが、そのように運動部に所属している中高生の数や割合が減ってきているなかで、体育の先生やそれを目指す人については、少し事情が異なります。つまり、そのほとんどの人が、運動部活動を経験していると考えられるということです。詳細なデータこそありませんが、このことは多くの人が経験的にも知っていると思います。

以上のことは、次のような例からも裏付けられます。たとえば、体育の先生を目指している学生や、すでに体育の先生になっている人に、「なんの競技が専門ですか？」と聞いてみます。そうすると、おそらく「野球」とか「陸上」とか「柔道」といった回答が返ってきます。この回答が示しているのは、体育の先生を目指す人のほとんどが、運動部活動において、ある競技に専門的に取り組んでいた経験を持っているということです。

このような例からも、体育の先生と運動部活動は密接な関係にあることが、ひとまずわかります。そして、この密接な関係が、先ほど述べた運動部活動と「体育ぎらい」との「間接的なかたち」でのつながりを示しています。つまり、運動部活動と「体育ぎらい」は、前章で論じた体育の先生を介してつながっている可能性があるということです。このような視点から、本章では運動部活動を考えてみたいと思います。

「体育教師らしさ」と運動部の関係

さて、この運動部活動と体育の先生との密接な関係を踏まえると、前章で検討した「体育教師らしさ」について、一つの仮説が浮かび上がってきます。それは、「体育教師らしさ」は、体育の授業ではなく、むしろ運動部活動で身につけられているのではないか、というものです。

確かに学校には、「あの人、体育の先生っぽいな」と思われる、数学の先生や社会の先生がいたりします。その先生たちは、実際は体育の先生ではないのに、なぜそのような「体育教師らしさ」を身につけているのでしょうか。この点を考えてみると、それが体育の授業ではなく、運動部活動で身についたのではないかという説には、一定の説得力がありそうです。つまり、その数学や社会の先生は、自身が学生であったときに運動部に所属し、そこでさまざまな経験をするなかで、「体育教師らしさ」を身につけたと考えられるということです。

「体育教師らしさ」の現代的な一つの源、こう言ってよければその「故郷」が、運動部にあるということです。たとえば、先輩と後輩の間の厳しい上下関係とか、先生（や監督やコーチ）の言うことは絶対であるとか、意味のよくわからない決まり事があるとか、さらには、服装や髪型に関する細かいルールなども、運動部には存在しています。そして、そのような事柄の一つひとつが、「体育教師らしさ」をかたちづくっていくわけです。

体育の先生は部活が好き

体育の先生は、部活、特に運動部活動が好きなことが多いと言えます。その一つの根拠として指摘できることは、運動部の指導がしたくて体育の先生になる人が少なくない、というか実際はそういう人が大多数である、という事実です。将来は中学校や高等学校の体育の先生になりたいという大学生に、その理由を尋ねてみても、かなり高い確率でそのような答えが返ってきます。体育の先生を目指すこの動機については、古くから指摘されてきたことでもあります。かく言う私も、約二〇年前に教育学部の保健体育科に入学したときには、運動部の指導者になりたいというまさにその理由で、将来は高等学校の体育の先生になりたいと本気で思っていました（イヤハヤお恥ずかしい）。

また、体育の先生が部活を好きであることを示す例を、もう一つ挙げることができます。それは、前章で論じた「ユルい」先生であっても、運動部の指導にだけは、人一倍気合いを入れて取り組んでいる先生が少なくないことに顕著に見られます。

前章で指摘したように、「ユルい」先生は、授業を生徒に丸投げしたりしているために、体育の授業で生徒を指導することには、まったく熱心ではありませんでした。ところが、そのような「ユルい」体育の先生になぜか共通して見られることは、放課後や休日の運動部活動では、生徒の指導に熱心に取り組む姿であったりします。

たとえば、平日は授業が始まる前に朝練に早くから出て行き、また土日や長期休業中も、練習はもちろん、練習試合や遠征、さまざまな大会への帯同を含め、ほとんど休みなく部活動にかかわる先生は、決して少なくありません。もちろん、そのような部活に熱心な先生が、みんな「ユルい」先生であるというわけではありません。ただ、それほどまでに運動部活動に熱心に取り組んでいる先生は多いと言えます。

このような例からも、体育の先生と運動部活動との強い結びつきが確認できます。ちなみに、この背景には、日本の運動部活動が制度的に曖昧であったために、そのような先生たちのボランティア精神によって支えられてきたことも、ちゃんと指摘しておきたいと思います。

「部活＝運動部」というイメージの強さ

以上のように、体育の先生が運動部活動を好きなのはそうだとして、そのような「運動部好き」は、どうやら体育の先生に限られたことではないようです。むしろ、もっと広い範囲でも、この「運動部好き」は共有されているように思われます。

たとえば、インターネットで「部活」と検索してみてください。そうするとすぐにわかると思うのですが、ヒットする記事や画像には、なぜか運動部のものばかりが目立ちます。しかし、改めて言うまでもなく、運動部以外にも、音楽や芸術から漫画や文学、さらには自然や科学を対象とするものまで、部活動には実に多様なジャンルがあります。それらは、運動部と対比して「文化部」と呼ばれるものです。

では、インターネットの検索結果が象徴するように、「部活＝運動部」というイメージが強いことには、一体どのような問題があるのでしょうか？　一つ言えることは、そのようなイメージは、文化部をどこか脇役のような存在と見ることにつながっているかもしれないということです。ここには、いわゆる「体育会系」的な体質、特にその閉鎖的な倫理観や排他的な特権意識が醸成されてしまっているという問題を指摘することができます。

具体的な例で考えてみましょう。たとえば高等学校の運動部では、部員全員で学校名入りのチームのジャージを着て集団で街を歩いていると、不思議と誇らしい気持ちになったりすることがあります。もちろん、それ自体を問題視する必要はないかもしれませんが、そのような誇らしい気持ちは、少し方向を見誤ると、自分たちが何か特別な存在のように感じられることに変わってしまう危険性もあります。そのような「オラオラ」した感じを若気の至りと呼べばそれまでですが、「体育会系」という言葉で名指されているることは、まさにそのように、ある意味で社会一般の常識から浮いてしまっている、特殊な存在であることを示唆しているわけです。

ちなみに、この運動部と文化部という区別にも、運動部で実践されているスポーツも一つの「文化」なわけですから、やはり、おかしなところがあると思います。実際、保健体育の教科書などでは、「文化としてのスポーツ」と言われているわけですし……。みなさんも、そう思いませんか？

帰宅部ってなんやねん！

この文化部ということに関連してさらに言うと、「帰宅部」という呼称も、かなり広く用いられている印象がある一方で、やはり問題含みでもあると思います。「帰宅部」という言葉が意味しているのは、「どの部活にも所属していない」ということです。

このことの問題は、それをあえて「部」と呼んでいることにあります。ここに垣間見られるのは、中学校や高等学校においてはいずれかの部活に所属することが、なぜか当たり前だと考えられているということです。つまり、そこにはある種の強制的なニュアンスがあります。だからこそ、部活に所属していない生徒たちを、わざわざ帰宅「部」と呼んでいるわけです。

ここには第二章で論じた規律に深くかかわるものとして、「強制性」を見て取ることができます。「帰宅部」という表現からは、私たちの多くが無自覚の内に持っている、

「部活に入るべき」という強制性がにじみ出ています。その強制性の影響によって、「体育ぎらい」の人が運動部に所属せず、またそこから直接的に害を受けているわけではないにもかかわらず、「なんか運動部活動って嫌い」という印象を抱くことがあるのかもしれません。

運動部に所属しているか否か、それが問題だ?

さて、少し話が逸れましたので、「体育ぎらい」とのつながりに話を戻しましょう。そのために、ここでは「運動部が嫌い」ということについて、運動部に所属する生徒と所属しない生徒の、二つの立場に着目してみます。そうすることによって、それぞれの立場の生徒と、体育の先生とのかかわり方がより明確になると考えられます。

また、この点に着目するもう一つの理由は、体育の先生が生徒にかかわるとき、自身の指導する運動部の生徒と、それ以外の生徒への対応が、いろいろな意味で明らかに異なる場合があるように思われるからです。そのような対応の違いが起きる背景には、体育の授業を含む学校におけるあらゆる活動のなかで、運動部活動に費やされる時間の圧倒的な量が影響しています。たとえば、体育の授業は五〇分の授業が週に二〜三回程度であるのに対して、運動部では、仮に一日二時間の活動を週五日だとしても、一〇時間をゆうに超えるわけです。そのため、運動部で指導する先生と活動する生徒との関係は、ほかの活動に比べて、はるかに深まっていくと考えられます。

もちろん多くの先生は、運動部に所属していようがいまいが分け隔てなく生徒にかかわり、指導しているはずです。ただ、自戒を込めて言えば、「体育ぎらい」が広く存在していることを踏まえると、私を含めた体育の先生も、自分たちの日常的な些細《ささい》な振る舞いが「体育ぎらい」を生み出す原因になっていないかを、改めてさまざまな側面から振り返ることは必要だと思います。

「運動部が嫌い」を分けてみる

以上のような背景を踏まえて、次に、「運動部が嫌い」ということを具体的に検討してみましょう。そのために、ここでは、運動部が好きか嫌いかに着目して、次のような表をつくってみました。

運動部の好き嫌い ＼ 運動部への所属	なし	あり
嫌い	A	B
好き		C

「運動部活動が嫌い」の分類表

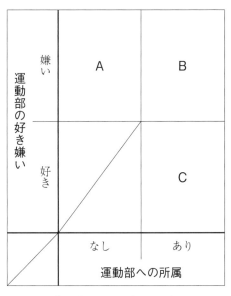

この表では、縦軸に運動部が好きか嫌いか、横軸に運動部に所属しているかいないかという区別を設けて、それぞれの条件が重なる四つの領域を示しています。たとえば、Aの領域は、運動部が嫌い、かつ、運動部に所属していない、という人を意味していいます。BとCのところも、それぞれ同じように見てください。

また、四つのうち、左下の領域には斜線を引いています。ここは、運動部が好き、かつ、運動部に所属していない、という人を意味しています。たとえば、自身は軽音楽部に所属しながら、野球部やサッカー部の試合を応援に行くのは大好きといった人が、ここに該当します。そのような人も、もちろんいるのですが、「体育ぎらい」との関連は見えにくそうなため、今回は触れないことにします。

なお、「運動部が嫌い」について検討するのに、運動部が好きな人が該当するCの領域が含まれていることに、疑問を持った鋭い人もいるかもしれません。確かにその通りなのですが、このCの領域には、「体育ぎらい」にかかわる一つの大きな問題が隠されています。そのため特別待遇として、三つの領域の最後に検討します。それでは、まずはAの領域の検討に進んでいきましょう。

運動部じゃないけど運動部が嫌い

Aの領域を見てまず思うのは、不思議だなということです。だって、この領域に該当する人は、自身が運動部に入って活動していないにもかかわらず、その運動部を嫌いだと思っているからです。これは、一体どういうことなのでしょうか。ちなみに、ほかにもこのAの領域には、スポーツが嫌い（第五章）とか、そもそも運動が嫌い（第六章）といった人も含まれると考えられます。

運動部に所属していないということは、要するに、そこで直接的には何も経験していないということです。つまり、その嫌いという感情は、まさに想像上の、すなわち「イメージ」に基づいて出来上がっていると考えることができそうです。ここでもイメージが問題になります。

前章や第二章でも、体育の先生や授業のイメージを論じました。そこでの議論を踏まえると、Aの領域の「運動部が嫌い」という人も、同じように、規律や厳しさ、そして強制性といった事柄を、運動部のイメージとして持っている可能性があるのではないでしょうか。ここにも、「体育教師らしさ」の故郷が運動部にあることが、まさに間接的に影響していそうです。

より具体的に言うと、たとえば体育の授業で、先生が自身の指導する運動部の生徒に、ほかの生徒よりも厳しく指導する場合などがあります。その運動部に所属していない生徒にとって、それは直接的には関係のないことですが、少なくともそのような経験から、「あの部活は厳しそうだな」とか、「あの先生は部活では怖そうだな」といった印象を抱くことは、想像に難くありません。「えっ、あの先生、授業では優しいけど、部活ではそんな感じなの？」みたいなことも、よく聞かれます。

もちろん、それがそのまま「体育ぎらい」につながるかどうかはわかりません。ただし、前章で指摘したことを踏まえて考えると、そのような運動部の厳しさや怖さのイメージが、「体育ぎらい」につながる可能性は否定できないと思います。むしろ、そうでないと、なんで運動部を経験していない人が運動部を嫌いになってしまうのか、わかりません。

ちなみに、表では斜線にしている、運動部が好き、かつ、運動部に所属していない、という領域に分類される人も、これとは違う意味で、やはりイメージの問題にかかわっているのかもしれません（触れないって言っといて、触れてしまいました……）。

運動部活動と暴力の問題

それでは、次にBの領域について考えてみましょう。これは、運動部が嫌い、かつ、運動部に所属している、という人が該当する領域です。この条件を見るだけでも、いろいろと難しい問題がありそうです。すぐに思いつきそうなものを挙げると、たとえば、運動部における人間関係に悩んだり困ったりしている人が含まれていると思います。とは言っても、運動部内の多様な人間関係（上下、ライバル、恋愛？）を、ここですべて網羅することはできませんので、「体育ぎらい」にかかわって、先生、つまり、ここでは顧問の先生やコーチに焦点を合わせて、Bの領域について考えてみます。

ここでやっぱり触れないわけにいかないのは、運動部における暴力の問題です。この問題もまた、体育の先生の「怖い」イメージに関連しています。むしろ、そのような「体育教師らしさ」をつくり出している、一つの強力な要素と言ってもよいかもしれません。運動部における暴力の問題は、主に「体罰」の問題として古くから論じられてきました。この点について、補足しておきます。

まず、私が体罰ではなく暴力という言葉を用いる意図についてです。現在でも、多くの場面では体罰という言葉が普通に使われています。しかし、私は次の二つの理由から、体罰ではなく暴力という言葉を使うべきだと考えています。一つは、体罰という言葉には、「罰」という漢字の持つニュアンスから、どこか「必要悪」のようなイメージがまとわりついてしまうからです。実際に日本では、少なくない割合の人々が、ときと場合によって体罰は必要であると考えてきた歴史があります。そのため、必要悪ではないということを強調するためにも、暴力という言葉を用いるべきだと思います。

もう一つの理由は、よりシンプルに、暴力には、体罰のような肉体的なものだけでなく、言葉の暴力も含まれているからです。最近では、目に見える肉体的な暴力が減少してきている一方で、見えにくく隠れやすい言葉の暴力が、運動部活動の場で深刻化しているとも考えられます。その意味でも、体罰ではなく暴力という言葉の方が、運動部の問題を適切に捉えることができるはずです。

生徒をコントロールしているという錯覚

そのような暴力が絶対に認められないことは、改めて言うまでもありません。むしろここで着目してみたいことは、殴ったり蹴ったり、もしくは暴言を吐いたりすることそのものではなく、そのような暴力の背景で、体育の先生が生徒をどのような存在として見ているのか、という点です。つまり、みなさんとここで考えてみたいのは、なんでそんなことができちゃうんだろう？　という、素朴でありながら、根本的な問いです。

その一つの答えとして、暴力を振るうような先生は、生徒を自分の思いのままに動かせるモノと捉えている、という点を指摘できます。しかも、先生自身は、そのように捉えていることに、必ずしも自覚的ではありません。むしろ、無自覚の場合が多いとさえ言えます。そして、モノだから、叩《たた》いても汚い言葉を浴びせても、問題がないと感じるようになってしまうわけです。また、モノだから、コントロールできると思い込むこともできてしまうわけです。

これらの点は、まさに前章や第二章で見たように、体育の授業や先生にかかわる、規律や怖さの問題とのつながりを浮き彫りにしています。つまり、運動部で暴力を振るうような先生は、体育の授業などの運動部以外の場においても、自身の意図通りに動かすことができ、また動かしてよいモノとして、ときに威圧的に、ときに放任的に、生徒に接することができてしまうわけです。

もちろん、それは錯覚、というか勘違いに過ぎません。生徒、つまりみなさんは、一人ひとりが人格を持った人間です。決してモノではありません。そのように考えると、体育の先生の暴力も、それは所詮、その先生自身のためのものでしかないということがわかってきます。そして、だからこそ、そのような態度や振る舞いに、少なくない生徒は反感を抱き、結果として「運動部が嫌い」になり、それが「体育ぎらい」につながっていくのではないでしょうか。

また、もう少しだけBの領域について言うと、本当は運動部をやめたいのになかなかやめられない、という人も、この領域に含まれます。このような悩みを抱えた人は、中高生だけでなく、大学生にも少なくありません。

やめられない理由は、人によってさまざまです。たとえば、所属している部活をやめることで、部員たちとの友人関係が崩れてしまうことを恐れてやめられない場合があるでしょうし、また、単純に顧問の先生が退部を許可してくれないこともあるかもしれません。さらに言うと、スポーツ推薦や特待生などの制度によって進学した人は、母校の先生や後輩のためにやめられないこともあります。

これらのほかにも、Bの領域にはさまざまな問題や悩みが含まれていると思います。しかし、あえて言いますが、運動部なんか別にやめちゃっていいんです。大事なことなのでもう一度繰り返しますが、もし自分がBの領域に当てはまっていて、しかも、その理由が本章で論じてきたような問題であるならば、誰に遠慮することなく、やめてしまってよいのです。

……と、少し過激な感じのことを言ったところで、次にCの領域の話に進みたいと思います。えっ？　もう少しちゃんと説明しろって？　ご心配なく。運動部なんてやめちゃっていい、については、本章の最後にちゃんと戻ってきます。

「専門バカ」の「体育ぎらい」

それでは、表のCの領域について改めて確認してみましょう。これは、運動部が好きで、かつ、運動部に所属している、という人が当てはまる領域でした。このように言うと、一見、何も問題がないように思えます。しかし、実際はここにも「体育ぎらい」にかかわる問題が隠れています。このことを、二つの点から明らかにしていきましょう。

一つには、自分の専門とする種目は得意で好きな一方、それ以外の種目は苦手で嫌いという人がいます。私の学生時代を思い出してみても、サッカーはめちゃくちゃうまいけど一ミリも泳げない人とか、ラグビーは得意だけどダンスは苦手な人とか……まあ、とにかくいろんな人がいました。

もちろん、第二章で述べたように私自身も、中高生のときは器械運動が大の苦手&嫌いでした。このようにCの領域には、専門種目以外の種目が嫌いなために「体育ぎらい」になっている人も、少なからずいると考えられるわけです。ちなみに、このような様子を揶揄《やゆ》して、「専門バカ」と言ったりします。つまり、専門以外は何もできない、という意味です。

体育の授業はレベルの低い運動部なのか

また、Cの領域に当てはまるもう一つのパターンは、「体育ぎらい」にかかわって、より深刻な問題を含んでいます。それは、体育の授業をレベルの低い運動部のように捉えるという問題です。これは、一体どういうことでしょうか。

まず、体育の授業をレベルの低い運動部のように捉えているのは、一体誰なのでしょうか。一番わかりやすい例は、運動部に所属している生徒、特にCの領域に当てはまる人です。これについても、実体験を挙げてみます。

中学生や高校生の頃、体育の授業のバスケットボールは、正直なところあまり面白くありませんでした。なぜなら、部活で毎日やっているバスケットボールのレベルに比べて、授業でやる練習や対戦する友達の技能が低かったからです。そのように考えていた生意気な中学生や高校生の私にとって、体育の授業はつまらなかったわけです（まったく、とんでもねぇ奴です）。

ここに、体育の授業をレベルの低い運動部と捉える見方が現れてきます。運動部には一所懸命に取り組むのに、体育授業にはそこまで積極的に参加しない生徒（や先生！）は、まさにこのような価値観を持っていると言えます。

この価値観は、次の二つの意味で「体育ぎらい」を生む可能性があります。一つは、今述べたように、運動部でやるスポーツが好きな生徒が、体育の授業をつまらなく感じることによって「体育ぎらい」になる可能性です。そしてもう一つは、反対に、運動部に所属している生徒が体育の授業で得意げに、ときに偉そうに振る舞うことによって、それ以外の生徒がやる気をなくしてしまい、結果的に「体育ぎらい」になる可能性です。確かに、大人でも、自分が少し知っていることになると頼んでもいないのに急に教え出したり、仕切り出したりする人は、結構いますよね……。

この二つの可能性に見られるように、体育の授業を運動部の劣化版と捉えることは、「体育ぎらい」を生み出す原因になり得ます。しかし、そもそものような捉え方は、果たして妥当なものなのでしょうか。この点を次に検討してみましょう。

運動部活動と体育の授業は関係ない

運動部活動と体育の授業の関係を簡単にまとめると、前者は自由な活動で、後者は学校教育に必修科目として組み込まれている活動、と表現することができます。このように言うと、運動部活動が自由な活動ってどういうこと？　そもそも、さっきまで規律とか暴力とか言ってたわけだし、全然自由ではないのでは……という疑問が浮かぶかもしれません。確かに、運動部活動にそのような側面や問題があることは否めません。しかし、制度上は、運動部活動は完全に自由な活動なのです。

このことが明確に示されているのは、『学習指導要領』という文書においてです。おそらく中高生のみなさんは見たことも聞いたこともないこの文書は、学校においてどのような教科や内容を授業で扱うべきかを細かく示したものです。たとえば、中学校の保健体育では、バスケットボールやサッカーのような球技だけでなく、陸上競技や器械運動、さらにはダンスや武道もやらなければいけませんよ、ということが書かれています。

細かいことは省きますが、大事なことは、体育の授業は誰もが例外なく受けなければならない必修科目であるのに対して、運動部活動はそうではなく、やるのもやらないのもまったく自由な、完全に任意の活動として制度的には定められているということです。つまり、運動部活動はやってもやらなくてもどっちでもいい活動だということです。

運動部の価値は、やってもやらなくてもよいこと

　このように言うと、運動部活動に一所懸命に、まさに命をかけて取り組んでいる先生や生徒のみなさんからは、「ふざけるな！」と反発を受けるかもしれません。でも、ここで私が言っていることは、そのように運動部活動に一所懸命に取り組むことの価値を否定するものではなく、むしろ、その本当の意味をきちんと認めるものだと言えます。

　どういうことかというと、運動部活動は、やってもやらなくてもどちらでもよい、完全に自由な活動であるからこそ、それに一所懸命に取り組むことの意味が輝くということです。だって、もしそれが誰かにやらされている活動だとしたら、一所懸命にやることをある意味では強制されているわけです。それはイヤイヤやっているのと同じです。そのような活動に、何か大切な意味があるのでしょうか。

　だから、繰り返しますが、やってもやらなくてもよい活動を自らの意志であえて選択し、それに一所懸命に取り組むことにこそ、すばらしい価値があると、私は思います。そのような価値は、運動部活動に取り組む多くの人が、実際に感じているはずです。そうでなければ、日本中でこれほど多くの中学生や高校生が運動部活動に熱中していること

とは、説明ができないのではないでしょうか。

そして、この観点から言えば、運動部活動は面白くなければやめちゃっていい、とも言えるわけです。だって、当たり前ですが、やるのが完全に自由なんだから、やめるのも完全に自由なはずです。「やめたいのにやめられない……」というのは、「やめない」ことを強制されているという、とても歪《いびつ》で不思議な状況なのです。

もちろん、少し注意も必要です。たとえば、面白いことはどこかに転がっているわけではありません。むしろ、自分から探しにいく、もっと言うと、自分（たち）で作っていくことが重要です。その意味では、中学校や高等学校の部活動は、本来、そのような試行錯誤にチャレンジできる場のはずですし、そうあるべきだと思います。

部活をやめて体育の先生になる

ちなみに、部活なんてやめちゃっていいと私が言う理由は、運動部活動がやるのもやらないのも自由な活動だから、という制度上の理由だけでなく、もう一つ、私自身の実体験に基づいたものでもあります。この点は、体育と運動部活動が本来は別の活動であることを、別のかたちで示すものでもあります。

（聞かれることもないので……）あまり話したことはないのですが、私は高校のときに、途中で運動部から退部しています。当時バスケットボール部に所属していましたが、三年生になった直後に、まあ理由はいろいろとあり、結果的に部活をやめました。

でも、私は今、ちゃんと（かどうかはさておき……）体育の先生をしています。いくつかの大学で体育（バスケットボールも！）の授業を実践してきましたし、これからも教えていきたいと思っています。

もちろん、私のような例は特殊かもしれません。ただ少なくとも、本章で確認したように、制度的にも個人的な経験からも、運動部活動と体育の授業がその性質をまったく異にする活動だということは確かです。したがって、それらを同じようなものとして捉えることは、そもそも誤っています。にもかかわらず、なぜ体育を劣化版の運動部のように捉える生徒や先生がいるのでしょうか。

運動部活動と体育授業の共通点

その理由は、体育と運動部に共通している何かがあり、それらを同じ活動のように錯覚してしまうからだと考えられます。では、その共通点とは一体なんでしょうか。それは、どちらの活動も「スポーツ」を主な対象にしている、という点です。確かに、体育の授業も運動部活動も、そのほとんどが、いわゆるスポーツ種目を活動の対象としています。そして、だからこそ、本来まったく異なる活動であるはずの体育と運動部を同じ活動として捉えてしまい、その結果、技能のレベルの高低によって、体育の授業をレベルの低いものと捉えてしまうことになってしまうわけです。

さて、本章では「体育ぎらい」に間接的にかかわるものとして、運動部活動に着目しました。「体育ぎらい」にとっての運動部活動の問題は、体育の先生を媒介としたものでした。そこでは、こう言ってよければ「体育教師らしさの故郷」について、さまざまな事柄が確認されました。それらを経て、最終的に、運動部活動と体育授業には「スポーツ」という共通点のあることが明らかになりました。

このことから示唆されるのは、「体育ぎらい」と「スポーツぎらい」に何かしらのつながりがある可能性です。つまり、「体育ぎらい」には、スポーツが嫌いな人も含まれているとと考えられるわけです。だとすると、私たちの次の課題は、そのスポーツが嫌いということには一体どのような理由や背景があるのかを、詳しく探ってみることだと言えるでしょう。

ちなみに、本章における運動部活動に関する議論は、「体育ぎらい」に関連する最小限の事柄に限られています。もし、運動部活動についてさらに知りたいという人は、次の本をおすすめします。

〈運動部活動の全体像をわかりやすく解説している本〉
中澤篤史《なかざわあつし》、二〇一七年、『そろそろ、部活のこれからを話しませんか：未来のための部活講義』、大月書店

〈運動部における生徒のリアルな姿や指導者の言葉を研究した本〉
下竹亮志《しもたけりょうじ》、二〇二二年、『運動部活動の社会学：「規律」と「自主性」をめぐる言説と実践』、新評論

第五章　スポーツがきらい「残酷で、すばらしい文化」

前章で見たように、体育の授業をレベルの低い運動部活動、つまりはスポーツ活動のお試し版のように捉えている人は、決して少なくありません。では、そのような誤解を引き起こしているスポーツには、一体どのような特徴があり、それは「体育ぎらい」にどのようにかかわっているのでしょうか。本章では、この点に焦点を合わせて、スポーツそのものが抱える問題を浮き彫りにしていってみたいと思います。

スポーツは気晴らしである？

「スポーツとは何か？」という壮大な問いについて、多くの教科書では、だいたい次のように説明されています。「スポーツとはそもそも、ラテン語のデポルターレ（deportare）を語源とし、それが、フランス語のデスポール（desport）、英語のディスポート（disport）と変化し、現在のスポーツ（sport）になった。それは本来、気晴らしを意味していたのだが……」といった感じです。これはこれで、私たちが見たりやったりしているスポーツの、歴史的な背景として重要なことです。

ただし本章では、このあたりの話はひとまず脇に置くことにして、「体育ぎらい」に関する事例から、スポーツを考え始めたいと思います。なぜかというと、仮にスポーツが語源的には「気晴らし」であることが事実であったとしても、「体育ぎらい」の人にとっては、「気晴らしどころかこっちはイヤイヤやらされてるんだよ！」という反応を引き起こすだけだと思われるからです。実際の体育の授業においても、みんながやりたい種目を自由に選べない以上、スポーツをやらされている側面は確かにありそうです。ということで、体育の授業における具体的な体験談から話を始めていきましょう。

スポーツ、この残酷なるもの

これは数年前に、ある学生の教育実習を参観したときの話です。小学校の三年生か四年生の体育の授業で、バレーボールのルールを変形させたゲームが行われていました。授業の前半では、チームごとの練習に熱心に取り組む児童の姿が見られ、とても充実しているように感じられました。ところが、授業の後半にいざチーム対抗のゲームを始めると、あるチームの雰囲気が一変しました。その様子を詳しく描写してみます。

児童Aは、同じチームの児童Bがボールをうまくキャッチできないたびに、「**なぁんで、取れないんだよぉー!!**」と、地団駄を踏んで激怒しています。また別の児童Cは、「Bちゃんはボール取れないから、ここにいて!」と言って、児童Bの腕を引っ張って、コートのすみに立たせています。それでもゲームがうまく運ばないと、児童AやCは、「Bちゃんと一緒のチームじゃ勝てない!」とまで言い出す始末です。その頃には、担任の先生もマズいと気づいて、そのチームに個別に指導をし始めていました(Bちゃんが「体育ぎらい」になっていないとよいのですが……)。

もちろん、このような状況では、その児童AやCに、チームワークの大切さや、そういうふうに言われてBちゃんがどう思うかなどを指導することが一般的だと思いますし、それはそれでとても重要なことです。その児童AやCがそのまま大人になったら、間違いなく大変です。

ただ、そのような児童AやCの行動から少し視点を変えて、ここであえて考えてみたいことは、そもそもスポーツには、そのような残酷な側面が始めから含まれているのではないか、という点です。この事例には、スポーツと「体育ぎらい」の関係を考えるためのヒントがいくつか含まれていると思います。順を追って確認してみましょう。

「Bちゃんがチームにいたら勝てない」

まず考えてみたい点は、スポーツと「勝つ」ということの関係についてです。なぜ「勝つ」ことが問題になるのかと言えば、上述の児童AやCの発言はすべて、彼らがゲームに「勝つ」ことを求めているからこそ、出てきたと考えられるからです。

では、スポーツにおいて「勝つ」ことは、一体どのような意味を持っているのでしょうか。これについて、みなさんはおそらく、「勝てばいいわけじゃない」とか、「勝つことよりも大切なことがある」といった言葉を聞いたことがあると思います。これらは、スポーツには「勝つ」ことよりも重要なことがあるのだから、たとえ勝てなくとも、その重要なことを学んだり考えたりすべきだ、という主張です。この「勝つことよりも重要なこと」には、「人としての成長」などが想定されているのかもしれません。確かに、前章で見た運動部活動でも、勝つことよりも大切なことがあるとよく言われています。

ただし、スポーツにおいては「勝つ」ことが本質的に重要な意味を持っているという主張もあります。これはとても面白い議論なのですが、スポーツ哲学を研究した川谷《かわたに》茂樹《しげき》は、次のような例を挙げて、スポーツにおける「勝つ」ことの重要性を示しています（川谷茂樹、二〇〇五年、『スポーツ倫理学講義』、ナカニシヤ出版）。

それは、サッカーの試合中に、ピッチ上の選手全員が踊り狂ったらどうなるか、という思考実験です。この話を始めて読んだとき、私は電車のなかにいたのですが、そのシーンをリアルに想像して思わず噴き出しそうになってしまい、とても恥ずかしい思いをした記憶があります。だって、サッカーのピッチ上で、選手がみんな踊り狂っているんですよ？　面白すぎます（えっ、そうでもない……？）。

この例で川谷が示そうとしたことは、要するに、踊っている選手はルールに違反しているわけではないけれど、やっぱりサッカーをしているとは言えないし、むしろ、サッカーというゲームを破壊しているということです。そして、このことが明らかにしているのは、少なくともサッカーというスポーツのゲームを成立させるためには、選手みんなが「勝つ」ことを目指してプレーしなければならない、ということです。この意味において、スポーツでは「勝つ」ことが決定的に重要なわけです。

競争しなきゃダメなのか

そのように「勝つ」ことが重要だからこそ、スポーツには「競争」が不可欠の要素として登場します。この要素は、「体育ぎらい」にとっては天敵（！）と言えるかもしれません。ここでもいつものように、敵の正体を詳しく見ていってみましょう。

「体育ぎらい」に限らず、体育の授業においてスポーツ種目を実践するときに、他者と競争することが苦痛な人は少なくないと思います。なぜなら、競争は多くの場合、他者との優劣に関する比較を意味しているからです。たとえば、小さい子どもたちが野原でかけっこをしていても、この優劣に関して大きな問題はあまり起こりません。しかし、それが学校の校庭で、しかも「ヨーイドン」のかけ声が響いた日には、走ることが一気にイヤになってしまう子が出てきます（徒競走ですね）。

この例は、二つのことを私たちに教えています。

一つは、そのような自然発生的な遊びを、場所や時間に関する規則、すなわちルールによって区切ることで、スポーツが成立しているという点です。野原でのかけっこは、どこがスタートでどこがゴールかもよくわかりませんし、そもそも、それがかけっこなのかも明確ではありません。だから、いつの間にかそれが鬼ごっこに変わったりもします。それに対して、スポーツはかけっこの「いい加減さ」を、もっと「ちゃんとした」ものに変えます。つまり、スタートとゴールの場所を一律に決め、その上で、参加者全員が同時にスタートすることを求めるわけです。しかも、そのタイミングを少し間違えただけでルール違反（フライング）になり、そこに参加する資格さえも奪われてしまいます。それほどまでに、スポーツのルールとは厳しいものなのです。

また、かけっこの例が私たちに教えているもう一つのことは、その厳格なルールとかかわっています。より正確に言うと、なぜスポーツにはそのように厳格なルールが必要になるのか、という問いが、この例を考えることから浮かび上がってきます。端的に言うと、その理由は、競争を公正に行うためです。ではなんのために、競争を公正に行う必要があるのでしょうか。それは、誰が速いのかや強いのかを厳密に決定するため、つまり、誰が勝ち、誰が負けたのかを、明確にするためです。やはりスポーツでは、「勝つ」ことが重視されているのです。

プロ選手から考える

以上のような競争の問題は、ほとんどのスポーツ種目に当てはまりますし、本章のはじめに挙げた体育授業の例なども同様です。野原で友達と二人でボールを投げて遊んでいるときに、その友達がうまくキャッチできないからといって激怒する人は、あまりいないと思います。逆に言えば、そこにスポーツとしてのルールが存在しているからこそ、キャッチできないことが「ミス」や「失敗」になってしまうわけです。これらのことからわかるように、スポーツでの勝敗を明確にするための競争は、そこに参加している人の技能の優劣を、残酷なまでに浮き彫りにします。

弱肉強食とも言えるスポーツのこのような特徴は、プロのスポーツに目を向けてみると、より明確に理解することができます。アマチュアとプロのスポーツ選手との違いは、もちろん技能のレベルをはじめいろいろとあるわけですが、まずは、スポーツをすることによって生活をしている、つまり、お金を得ているということです。

たとえば、プロのスポーツ選手は、自身のパフォーマンスの出来映えによってお給料が決まります。プロ野球選手の年俸がいくらアップしたとかダウンしたとかは、スポーツニュースの話題になったりしています。あれは、前のシーズンのプレーがどれくらいよかったか、またどれくらいチームに貢献したかによって決まるわけです。もっとわかりやすい例で言うと、相撲では取り組みが終わった瞬間に、勝った人にお金（「懸賞金」と言います）が手渡されていますし、ボクシングでも、いわゆる「ファイトマネー」といった形で、やはり勝った選手にお金が渡るようになっています。

（なんだかお金の話ばかりになってしまいましたが……）そのお金は、選手のプレーの出来映え、つまり技能の優劣に応じて支払われているという点が重要です。このことは、次の結果を必然的に導きます。すなわち、技能の低い人にはお金は払われない、もっとシンプルに言えば、プロスポーツでは生きていけないということです。プロスポーツの世界は、まさに弱肉強食なのです。

ドッヂボールは野蛮？

そのようなスポーツの残酷さは、必ずしもプロの世界に限ったことではありません。たとえば最近では、学校でよく行われているドッヂボールが話題になることがあります。知らない人はいないと思われるほど、日本では小学校などを中心に、広く行われてきたドッヂボールに、ある問題が指摘されています。

その趣旨はだいたい次のようなものです。ドッヂボールは、ボールをキャッチすることや避けることが苦手、つまりは運動の得意でない人をターゲットにして、ボールをぶつける極めて野蛮なゲームである、というものです。確かに、ドッヂボールにはそのような側面があります。ボールを投げたりキャッチしたりすることが苦手な人にとっては、避けて逃げ続け、最終的にボールをぶつけられるだけのゲームだとも言えます（そもそも、「ドッヂ＝dodge」は「避ける」という意味ですしね……）。

そのような経験をしたことによって、ドッヂボールが嫌いになった人も、決して少なくないと思います。そう考えてみると、確かになんでドッヂボールなんかを、全国の子どもたちがずっとやってきたのか、不思議に思えてきます。

個人的な見解では、ドッヂボールが、ボールを投げるという基本的な運動と、それによってボールを相手にぶつけるというシンプルなルールで構成されているために、ここまで広まってきたのだと思います。そして、そのようにシンプルであるからこそ、弱肉強食の特徴がハッキリと表れてしまうのだと言えます。

いずれにしても、ドッヂボールのような多くの子どもが遊ぶスポーツでさえも、「うまい＝強い」人たちが「楽しみ＝生き残り」、「苦手な＝弱い」人たちが「イヤな思いをする＝排除される」活動になってしまうこと、より端的に言えば、弱肉強食の論理に支配されてしまうことは、確かなようです。そこでもやはり、「勝つ」ことが最も重要なことと考えられているわけです。だからこそ、「負けた＝弱い」人の苦い経験は、それだけ強烈なものになると考えられます。

体育の授業でそのような経験をした人が「体育ぎらい」になることも、まったく不思議ではありません。本章のはじめに挙げた小学生の例は、あくまでもほんの一例ですが、実際に同じような事例は、いくらでも挙げることができます。運動会などで行われるクラス対抗リレーなどは、走ることが苦手な人にとっては、まさに地獄のようなイベントかもしれません（第二章で論じた「公開処刑」です）。スポーツの弱肉強食という特徴は、ときとして「弱いモノいじめ」のような効果を発揮してしまうことがあるわけです。そんな経験をしたら、そりゃ誰だって「体育ぎらい」にもなりますよね……。

ゲームの内と外

ところで、先ほど挙げた、サッカーの試合で選手が踊り狂うという思考実験は、もう一つのことを示唆しています。それは、スポーツの内と外では大切なことが異なっている可能性があるということです。改めて確認しておくと、スポーツの内側、つまりゲームにおいては、「勝つ」ことを目指すことがそこに参加する人にとっての義務とすら言えました。そうしないと、そもそもゲームが成立しないからです。

しかし、それはスポーツの外、つまりゲーム以外の状況では必ずしも当てはまるわけではありません。スポーツの外側、たとえば学校や仕事場、または家庭で私たちが生活しているときに、「勝つ」ことは必ずしも最も重要なことではありません。むしろ、友達や同僚、そして家族とは、競争ではなく、協調して活動したり生活したりすることが求められるはずです。そういう意味では、スポーツは私たちの社会や生活において特殊な活動だと言えます。この特殊さについては、本章の後半でさらに考えていきます。

ただし、スポーツの内と外で大切なことが違うのだとすると、一つ問題が起こりそうです。つまり、もしそうであるならば、私たちがよく言ったり聞いたりするような、「スポーツを通して人を育てる」ことは本当にできるのだろうか、という疑問が浮かんできます。もしスポーツの内と外で大切なことが別だとするなら、その内と外の間には、つながりはないことになってしまうのではないでしょうか。とすると、そもそも体育の授業でスポーツをやる意味は、一体なんなのでしょうか？

スポーツで何が育つのか

なぜ体育の授業でスポーツ種目を行うのか、という問いについて、一般的にはそれが子どもたちの成長に役立つから、という答えが予想できます。もしそうでなければ、体育の授業でいろいろなスポーツ種目をみんなでやる意味がなくなってしまいます。

「成長に役立つ」と言われる内容を、もう少し具体的に考えてみましょう。たとえば、すぐに思いつくものを挙げてみると、「スポーツの技術を身につける過程で努力することの大切さを学ぶ」であるとか、「仲間と連携したプレーを練習することで協調性を身につける」とか、はたまた、「チーム全員で目標を達成することによって一人では味わえない達成感を経験することができる」などもありそうです。もちろん、これらはすばらしい経験ですし、そのいずれもが、確かにスポーツを行うことでも実現できるかもしれないものです。

ただし、注意が必要なことは、それらがあくまでも、スポーツを行うこと「でも」実現できる「かもしれない」という点です。この「でも」と「かもしれない」という、奥歯にモノが挟まったような言い方には、重要な意味が込められています。

まず、「でも」の方からいきましょう。この「でも」が意味しているのは、先ほど挙げた「成長に役立つ」内容はスポーツでなくとも実現できる可能性がある、ということです。確かに、「努力することの大切さ」や「協調性」、「達成感」などは、スポーツでなくとも学ぶことはできます。音楽でリコーダーの練習を重ねることによって、それまでできなかった曲が吹けるようになれば、「努力することの大切さ」を学んだり、「達成感」を味わったりできるかもしれません。ほかの教科においても、グループで協力して調べ学習を進めることによって、「協調性」を学ぶこともできるのではないでしょうか。このように考えると、それらの「成長に役立つ」内容は、スポーツだけで学べるわけではないことがわかります。それはむしろ、スポーツ「でも」学べる、と言ったほうが適切だと考えられるわけです。

では、もう一つの「かもしれない」の方はどうでしょうか。これは文字通り、それらの内容がスポーツで実現できるとは限らない、ということを意味しています。これについて、次に考えてみましょう。

スポーツは人を育てる……とは限らない

私たちの社会に根強い価値観の一つに、「スポーツは人を育てる」というものがあります。この価値観は、学校や社会のさまざまな場所で共有されています。それを支持している人の多くは、おそらく自身がスポーツによって成長したと感じている人です。その意味では、「スポーツは人を育てる」という価値観は、当事者のスポーツ経験に基づいていると言うことができそうです。

子どもの頃からスポーツに一所懸命に取り組んできた人が、その楽しさや素晴らしさを実感し、それをほかの人に伝えたいと思う気持ちはよくわかります。それは、私たちが面白い映画や漫画を友人に薦めることと同じような心理でしょう。しかも、スポーツの場合は、そこにかかわる時間が数年単位の長さに及ぶことも少なくありません。そのため、誰かに薦めたい気持ちはより強くなる傾向にあるかもしれません。

ただし、その気持ちの強さには注意も必要です。なぜなら、それはあくまで、個人的な経験に根ざしていることが多いからです。その人が生まれた場所や育った環境、また、そこで出会った指導者や仲間との、極めて偶然で複雑な関係のなかで生まれたものだということです。そのため、その経験から導かれた価値観が、そのままほかの人にも当てはまるとは必ずしも言えません。つまり、「スポーツは人を育てる」という価値観が私たち全員に本当に当てはまるのかについては、慎重に考える必要があるということです。この点はまさに、スポーツと「体育ぎらい」との関係に深くかかわっています。

このように改めて考えてみると、「スポーツは人を育てる」という主張には、いろいろとツッコミどころがありそうです。たとえば、考えられる最もシンプルな反論は、「じゃあスポーツを経験した人は、みんなすばらしい人になっているのか？」というものでしょう。もちろん、そんなわけはありません。もしそうだとしたら、これほどスポーツが世界中に広まっているわけですから、この世界はもっと平和なはずです。でも、私たちの誰もが知っているように、現実はそうはなっていません。むしろ、スポーツの場においてさえ、暴力行為、人種や性に関する差別、さらにはドーピングなどの不正行為があとを絶ちません。となると、やはり私たちは、スポーツは人を育てる「かもしれない」と言わなければならないようです。

スポーツは一つの文化（でしかない）

このようなスポーツの捉え方は、スポーツが文化であることに関連しています。もう少し正確に言うと、スポーツが、音楽や美術と同じように、人間が創り出した一つの文化であるからこそ、それが人を育てるとは限らないと考えられるわけです。ここは重要なポイントですので、詳しく考えてみましょう。

前章でも述べたように、私たちは現在、「文化としてのスポーツ」という捉え方を一般的にも受け入れるようになっています。それは、音楽や美術、文学や演劇といった文化とスポーツを同じように扱ってほしい、という願いの結果でもあります。もちろん、「文化」という言葉の定義は非常に複雑ですので、ここではひとまず、人間がその歴史のなかで創り上げてきたもの、と理解しておきましょう。そうすると、確かにスポーツも一つの文化だと言うことができそうです。

スポーツがそのように一つの文化であることは、同時に、スポーツが必ずしも人を育てるわけではないという帰結を導くことになります。なぜなら、あらゆる文化は、人を育てるとか育てないといった点には、そもそも関係がないからです。

スポーツであれ音楽であれ、それらが最も原始的な状態で行われていたときのことを想像してみると、それらが人を育てるために始められたわけではないことがわかります。現実的に考えてみても、たとえば音楽について、歌を歌えば人が育つとか、ギターを弾けば人が育つとは、普通は言わないはずです。そこで育っているのは、人間性ではなく、歌唱や超絶技巧の能力です。

もちろん、それらの練習を積むことで、先ほど挙げた「努力することの大切さ」などを学ぶことはあるかもしれません。ただ、それは「かも」なのであって、やはり副次的なものに過ぎません。それは音楽でもスポーツでも、同じように学べる可能性のあるものですから、逆に言えば、音楽やスポーツと本質的に結びついているわけではないということです。したがって、私たちの社会で広く共有されている「スポーツは人を育てる」という価値観は、そうなる場合もあるけど、そうならない場合もあるとしか、本当は言えないはずです。

その意味では、スポーツという文化は「白色のカンヴァス」[9]のようなものであると表現することができます。実際、私たちはスポーツに、ストレス発散や健康・体力の保持増進、さらには本章で見てきたように、金銭的な利益や教育的な意味など、さまざまなことを求めています。これらのことが示しているように、スポーツというカンヴァスにどのような色をつけるのかは、私たち次第だということです。

体育はスポーツなのか

スポーツのそのような特徴を踏まえて、「体育ぎらい」との関連をさらに考えていきましょう。もしスポーツが一つの文化であり、それがほかの文化と同様に、必ずしも教育的な意味を持っているとは限らないとすると、次のような疑問が浮かんできます。それは、なぜ「文化としてのスポーツ」を強調している体育の授業は必修なのか、という問いです。まずは、この問いの背景を確認してみましょう。

この問いは、特に日本の高等学校においてリアリティを持ちます。なぜなら、これまで高等学校では、国語・数学・英語・理科・社会のいわゆる主要五教科に加えて、二〇二二年に情報が必修化されるまでは、保健体育（以下、体育と表記します）だけが必修の教科となってきたからです。つまり、中学校までは必修であった音楽や美術、技術・家庭科だけでなく、高等学校から選択可能になる工芸や書道など、いわゆる実技教科と呼ばれる教科のなかで、なぜか体育だけが必修となってきたわけです。「体育ぎらい」の人はすでに気づいていたかもしれませんが（鋭い！）、これはかなり不思議なことです。

もちろん、「保健体育」という教科名からもわかるように、その授業の内容には保健、つまり健康に関することも含まれていますので、決してスポーツだけが行われているわけではありません。しかし、実際の授業はどうでしょうか。

たとえば、高校生のみなさんは、最近の体育の授業で何に取り組んだでしょうか。また、すでに卒業している大学生や社会人のみなさんは、中学校や高等学校の体育の授業に、どのような記憶やイメージを持っているでしょうか。おそらく、ほとんど人が思い浮かべるのは、なんらかのスポーツ種目を行った場面ではないでしょうか。このことは、大学生に聞いてみても、まず間違いがないように思います。つまり、体育の授業は多くの場合、「文化としてのスポーツ」を実践する場になっているということです。

オリンピックってみんなに必要？

ちなみに、体育における「文化としてのスポーツ」の重視は、そのようなスポーツ種目の実践だけでなく、いわゆる座学の学習（「体育理論」と言います）においても同様です。そのことを象徴するのが、「オリンピック教育」の存在です。

ご存じない方もいらっしゃるかもしれませんが、二〇二三年現在、日本の中学校や高等学校では、体育の授業において、オリンピックについて勉強することになっています。もう少し正確に言うと、オリンピックは、「文化としてのスポーツ」の意義を学ぶための内容として示されています。

「体育ぎらい」の人にとってみれば、このオリンピック教育は「なんでスポーツ大会のことなんか勉強しなきゃいけないの？」という疑問の対象かもしれません。もう少し一般化すると、日本に生きるすべての中高生が、オリンピックという一つの国際的なスポーツイベントについて学ばなければならない理由は、一体どこにあるのだろうか、という問いです。

このような問いかけに対しては、「オリンピックはただのスポーツイベントではない！」という回答が予想されます。たとえば、前章でも参照した『学習指導要領』には、中学三年生が「文化としてのスポーツ」の意義を学ぶ目標の一つとして、「オリンピックやパラリンピック及び国際的なスポーツ大会などは、国際親善や世界平和に大きな役割を果たしていること」を理解することが示されています（文部科学省、二〇二〇年、『中学校学習指導要領（平成29年告示）』、東山書房）。その意味では、確かにオリンピックは、ただのスポーツナンバーワン決定戦ではなく、より広い文化的および教育的な意義を有しているのかもしれません。

ただし、問題は、そこで言われていることが現実に合致しているのか、という点ではないでしょうか。むしろ、本章の議論を踏まえると、このような目標こそが、「スポーツは人を育てる」という価値観の落とし穴にはまってしまっているように見えます。実際、東京二〇二〇大会後のさまざまなニュースを見れば明らかなように、オリンピックそのものが不正などの問題であふれかえっています。そのため、オリンピックについても、国際親善や世界平和に貢献することもあれば、しないこともある、と言うことがより適切で正確だと思います。

しかし、残念ながら今の体育において、オリンピックをはじめ「文化としてのスポーツ」は、そのように現実を適切に捉えたかたちで学ばれてはいません。むしろ、「スポーツは人を育てる」という一方的な前提に立って展開されていることが多いと言えます。そうなると、そのような「文化としてのスポーツ」の一面的な強調は、「体育ぎらい」にとっては一面的な押しつけとなってしまうのではないでしょうか。

スポーツの「非社会的な魅力」

本章ではここまで、スポーツの悪口……ではなくて、課題と考えられる点を指摘してきました。さすがに少し不公平な気もしますので、本章の内容に関連する範囲で、スポーツのよい面もきちんと指摘しておきたいと思います。

ここで考えてみたいのは、多くの問題があるにもかかわらず、それでも世界中で多くの人が、ボールを蹴り、全力で走り、棒で球を打ったりしていて、しかもそれを観て、大声で叫び、興奮し、ときに涙している人がいるのは、一体なぜなのだろうかという謎についてです。そのような姿を見ると、スポーツには、多くの人を魅了する「何か」が間違いなくあると考えられるわけです。

この魅力について、たとえば、エリアスとダニングという社会学者は、スポーツが私たちの社会の「飛び地」なのだと指摘しました（ノルベルト・エリアス、エリック・ダニング著、大平章訳、二〇一〇年、『新装版 スポーツと文明化——興奮の探究』、法政大学出版局）。その意味は、こういうことです。私たちの日常の生活は、法律とか校則とか、マナーとか家庭での決まり事（門限みたいな）とか、いろいろなものに縛られています。

そのような息苦しい社会のなかで、スポーツは、私たちが思う存分、力一杯走ったり跳んだり、また叫んだりして、興奮することが許される場なんだ、というわけです（だから原書のタイトルも『Quest for Excitement = 興奮の探求』なんですね）。

このようなスポーツの特徴を踏まえると、本章の冒頭に挙げた体育授業の事例についても、少し違った解釈ができそうです。つまり、そこで児童AやCがとった言動も、それが彼らの性格の問題とは必ずしも言えないことがわかってきます。むしろ、スポーツの特徴をしっかりと理解しないで、それを子どもたちにやらせることは、Bちゃんだけでなく、AやCまでをも「体育ぎらい」にさせかねないとさえ言えます。

そのような特徴は、スポーツの「非社会的な魅力」（「反」ではありません……）と表現できます。これは、スポーツが本来は「気晴らし」であったこととも結びついています。そうです、本章の冒頭で触れた、あの「デ（de）ポルターレ」の話です。それはまさに、日常の社会生活におけるさまざまな束縛から、一時的に離れる（デ = de = away）ことにこそ、スポーツの魅力があるということを意味しています。やはりスポーツは、よくも悪くも、私たちの社会のなかで特殊な存在なのです。

ただし、そのような魅力は、多くの人を惹《ひ》きつけている一方で、本書、というか私たちにとっては、次のような疑問を引き起こすことにもなります。すなわち、そのような「非社会的な魅力」を持つスポーツは、結局のところ、体育とどのような関係にあるのか、という問いです。

そもそも体育とスポーツは関係ない

この問いは、とても重要です。なぜなら、体育とスポーツの関係が明らかになれば、「体育ぎらい」とスポーツとの関係についても、何か新しいことが見えてくるかもしれないからです。

すでに指摘したように、スポーツは、人間がその歴史のなかで創ってきた一つの文化であり、それは本来、白色のカンヴァスのような存在です。だからこそ、私たちはそれを子どもの教育のために使ったり、生計を立てる手段にしたり、またときにはギャンブルの対象としたりして、さまざまな用途に使っているわけです。それらのさまざまな用途のなかで、子どもたちの教育のため、という用途に、体育はかかわっています。

ではその体育とは、一体なんなのでしょうか。これも巨大な問いですが、ひとまずそれは教育、特に「身体にかかわる教育である」と定義できます。

これについて、少しだけ専門的な話をすると、体育という言葉には、明治時代に「Physical Education：P.E.」という英単語が日本に入ってきたときに、いろいろな翻訳語が試みられた結果、今の「体育」になった経緯があります。そのため、もともとの英語に忠実に、「身体教育」と言うこともあります。このように表記すると、体育が教育であるということが際立ってくると思います。

このことを踏まえると、スポーツは文化であって、体育は教育である、というように一応は区別することができます。確かに、スポーツはいろいろな用途に使える文化であって、必ずしも教育のために創られたものではありませんし、反対に、教育は基本的に子どもたちの成長のためにあるものと考えることができます。とすると、意外に聞こえるかもしれませんが、スポーツと体育は、本来は関係がないということになります。もう少し丁寧に言うと、体育の授業において、スポーツはあくまでも一つの教材として存在しているにすぎない、ということです。実際、第二章で見たように、日本のある時期にスポーツのない体育の授業が存在していたことは、間接的にこのことを証明していま す。つまり、本来、体育にとってスポーツは、不可欠なわけではないということです。

生涯スポーツと言われても……

もし、体育とスポーツに本来は関係がないのだとすると、たとえば体育の目標に掲げられている「生涯スポーツ」についても、その見方が少し変わってきます。むしろ、それが「体育ぎらい」を生み出す一因になっているかもしれません。

二〇一一年に制定された「スポーツ基本法」の前文では、「スポーツは、(中略)今日、国民が生涯にわたり心身ともに健康で文化的な生活を営む上で不可欠のもの」であると言われています。このような考えに基づいて、体育の一つの目標は、みなさんが生涯にわたって豊かなスポーツライフを実現するための資質と能力を育てることであるとされています。

ですが、本章で検討してきたように、スポーツは数多《あまた》の文化の一つでしかありませんので、本来はそれをやりたい人がやればよいはずです。この点は、前章で論じた運動部活動と全く同じです。しかし、体育はそれをすべての中高生に、中学校が義務教育であることを踏まえると、結果的にこの国に住むすべての子どもたちに求めているわけです。それはハッキリ言って無茶、というか無謀、もっと言うと、大きなお世話だと思います（ちょっと言い過ぎかな……）。

ちなみに、そもそも「生涯スポーツ」という言葉自体が謎めいています。この言葉の不思議さは、「スポーツ」をほかの文化と入れ替えてみると、明らかになります。たとえば、「生涯音楽」とか、「生涯美術」とか、さらには「生涯文学」とか「生涯映画」とかもあるかもしれません……って、いやいや、ありません。これらの言葉を聞いたり見たりしたことは、少なくとも私はありませんが、みなさんはあるでしょうか？

この例からも明らかなように、「生涯スポーツ」という言葉は、とても不思議な言葉です。なぜ「スポーツ」だけが「生涯にわたって親しむ」ことを求められ、強調されているのでしょうか。実際、『学習指導要領』の音楽や美術に関する記述には、「生涯にわたって」という表記は見られません。

これにはさまざまな事情や背景がありそうですが、少なくとも、スポーツが人間の身体やその健康にかかわっているという点を指摘することができると思います。つまり、音楽や美術と比べて、スポーツは明らかに、私たちの健康に直接的に関係していそうだということです。ここには、高等学校の実技教科で「保健」体育だけが必修であった理由も関係していそうです。この点については、第六章で改めて考えてみます。

でもやっぱりやらなきゃ始まらない

さて、生涯スポーツに関連して、本章の最後に検討しておきたいのが、体育でも盛んに言われている、「する・みる・ささえる」という標語です。みなさんも、聞いたことがあるかもしれません。最近では、これに「しる」や「かんがえる」などが加えられたりもしています。

この標語には、これまでの私たちのスポーツとのかかわり方が、「する」ことに偏っていたことへの反省が込められています。確かに、スポーツという文化においても、「する」だけでなく「みる」や「ささえる」といった活動は重要です。その重要性は、たとえば音楽のコンサートや美術の展覧会などに、あれほど多くの人が足を運んでいる現実を見れば、明らかだと思います。

ただし、それと同時に明らかになるのは、そのように「みる」や「ささえる」の重要性をあえて主張しなければならないほど、多くの人がスポーツを「する」ことに魅了されているという現実でもあります。むしろ、その現実にこそ、スポーツという文化の一つの特徴が現れているのではないでしょうか。それがよいのか悪いのかは、ひとまず置いておくとしても、世界中の多くの人が、実際にスポーツを実践「する」なかで、その面白さや楽しさに魅了されてきたことは確かです。その意味では、やはりスポーツは「する」ことが中心にある文化なのだと言えます。だからこそ、それが苦手である人にとっては、スポーツという文化は「体育ぎらい」につながる一つの強烈な要因になると考えることができます。

ここには、「スポーツをする=動く」ということにかかわる問題が、新しく見出されます。それは、スポーツとかなんとかっていうよりも、そもそも動くことが好きじゃない、要するに「運動が嫌い」という人の存在を示唆しています。そして、これもまた、「体育ぎらい」に深く結びついた難問だと言えます。次章では、このことを考えていってみましょう。

第六章　そもそも運動がきらい「だからこそ、からだに還る」

ここまで見てきたように、動くことや遊ぶことが大好きであった多くの子どもが、成長するにつれて「体育ぎらい」になってしまう理由は、残念ながら山のようにありました。本書では論じきれなかった理由も、まだまだあると思います。それらを踏まえると、「体育ぎらい」が生まれてしまうことは、避けられないのかもしれないとさえ思えてきます。

本書の最後にみなさんと考えてみたいことは、それでも「体育」に意味や可能性があるとすれば、それは一体何か、という問いです。本章では、「運動ぎらい」にかかわる事柄を検討しながら、本書の冒頭に掲げた「「体育」なんて好きにならなくてもいい」というメッセージの真意を、明確にしていきたいと思います。

「外で遊びなさい」＝「運動しなさい」

前章までに、体育の授業や運動部活動、そしてスポーツをテーマにいろいろと考えてきたわけですが、そのいずれにも共通しているのが、運動、つまり、私たち自身が動くということです。もちろん、「運動ぎらい」にもいろいろなパターンが考えられますし、その理由もさまざまです。ここでは、「運動ぎらい」の人の多くが、一度は経験したことがあると考えられる身近な例から、検討を始めてみたいと思います。

たとえば、小学校の休み時間などに、先生から「外で遊びなさい」と言われたことのある人は、少なくないと思います。言われた記憶のない人は、きっと言われるまでもなく遊んでいたのだと思います。確かに、多くの児童は校庭に出て、前章で述べたドッヂボールや鬼ごっこなどをして遊んでいたかもしれません。

また、そのように言われる経験は、学校に限られた話でもありません。たとえば家でも、「ゲームばかりしてないで外で遊んできなさい」と言われた経験のある人もいるのではないでしょうか（私はしょっちゅう言われていました……）。

これらの例によって確認できることは、そこで言われている「外で遊ぶ」とは、校庭で折り紙やお絵かきをしたり、また公園で携帯型ゲーム機やスマートフォンで遊んだりすることを意味しているわけではないということです（最近はよく見かけますが……）。つまり、場所が教室や家の「外」であれば何をしていてもよいわけではない、ということです。ここから、「外で遊びなさい」という先生や大人の言葉は、本当は校舎や家の外で「運動しなさい」という意味であったことが明らかになります。

健康やダイエットのための運動？

運動することの重要性は一般的にも広く認識されています。その理由は、子どものからだの発達にかかわるからであったり、また大人にとっては、健康な生活のために適度な運動が必要であったりするからです。健康は、現代では世界中の人々の関心事になっています。この点は、もしかすると若い人よりも年齢を重ねた人の方が真剣に考えている問題かもしれません。

この健康について、教科書なども含めて、一般的によく強調されていることがあります。それは、健康を維持したり増進させたりするためには、主に三つのことが必要だという見解です。その三つとは、適度な栄養と睡眠、そして運動です。運動は、私たちが健康に生きていくために、必要不可欠の要素として示されているわけです。

もちろん、運動の重要性は、科学的にもさまざまな角度から明らかにされていますし、私たちも基本的には、健康に毎日を過ごしたいと思っているはずです。ただし、「運動ぎらい」の立場から考えてみると、健康のための運動は、他者から運動することを強制されることになっているとも言えます。それはまさに、「外で遊びなさい」と同じように、健康でいるためには「運動しなさい」と言われているように感じられるわけです。そのような他者からの運動の強制は、「運動ぎらい」を生むことにもなりかねません。

このことは、体育の授業で考えてみてもまったく同じだと言えます。たとえば、「体育ぎらい」にとって天敵である持久走では、走りたくないのに走らされる経験を繰り返している可能性があります。そのような経験をした場合に、その児童や生徒が「体育ぎらい」になってしまうことは容易に想像ができますし、そもそも走ること自体、つまりは「運動が嫌い」になる可能性もまた、十分に考えられます。

そこには、前章までに確認した「恥ずかしさ」や「体育の先生」、そして「スポーツ」の競争によって他者と比較されてしまう問題などが、複雑に絡み合っています。その意味では、「体育ぎらい」にかかわるいろいろな要因がこんがらがった結果として、「運動が嫌い」という状態があると言えるかもしれません。

ちょっと待った、そもそも「運動」とは

ただし、少しだけ立ち止まって考えてみたいことがあります。それは、本章でここまで述べてきた「運動」が一体何を意味しているのか、という点です。突然何を言い出すのかと思うかもしれませんが、この点は意外と明確になっていないことが多いのです。「外で遊びなさい」と言うときに意味されている「運動すること」や、「健康のために運動が大切」と言われるときに意味されている「運動」は、一体どのようなことを指し示しているのでしょうか。

この一見当たり前に見える点を改めて考えてみると、私たちが運動について、実際はかなり狭い理解の仕方をしていることに気づきます。もしそうだとすると、その理解の幅を少しだけ広げることによって、「運動ぎらい」についても新しい視点から理解する

ことができるようになるかもしれません。そのためにここで試みてみたいことは、みなさんが持っている「運動」という概念を拡張することです。

たとえば、再び「健康のための運動」を例に考えてみましょう。みなさんは、健康に必要な運動として、どのようなことを思い浮かべるでしょうか。やはりまずはランニングでしょうか。人によっては腹筋やスクワットなどを思い浮かべるかもしれませんし、ジムのマシーンを使ったトレーニングを思い浮かべる人もいるかもしれません。でも、運動って、本当にそのようなものだけでしょうか？

一般的にイメージされるそのような運動は、要するに、私たちが自覚的に、自分でからだを動かすことだと言えます。確かに、私たちはほとんどの場合、歩いたり走ったりといった運動を自覚的にしています。また、声を出したり、手で背中をポリポリかいたりする運動もしています。

しかし、それらと併せて重要なことは、私たちの運動はそのように自覚的なものばかりではない、という点です。一番わかりやすい例は、心臓の鼓動です。鼓動は紛れもなく心臓の運動ですが、自分の心臓を自覚的に動かしている人は、あまりいないと思います（できたらスゴイ！　……って、できません）。

また、目の瞬きもそうです。自覚的にパチパチすることができる一方で、どんなに我慢しようとしても、一定の間隔で必ず起きてしまいます（睡魔でまぶたが閉じてしまうのも不可抗力かもしれません……）。呼吸なども同様に、ある程度自覚的にできるものの、完全にはコントロールできない運動です。つまり、これらはすべて、からだが勝手にやっている運動だということです。

「運動＝スポーツ」という幻想

このように運動という概念を拡張すると、「いやいや、そんなのは（坂本の得意な）ただの屁理屈《へりくつ》でしょ！」と思われるかもしれません（ギクッ！）。確かに、健康に運動が大事だからといって、必死に瞬きをパチパチしていてもしょうがありません（あっでも、心臓の運動は大事ですね……）。ただし、「運動ぎらい」を考えるためには、このように運動の概念をやや極端に拡張してみることが重要なヒントを与えてくれます。

そのなかでも特に重要なことは、運動は、決してスポーツを意味しているわけではないという点です。もう少し正確に言うと、「スポーツ的な運動」だけが運動ではないということです。このことも、一見当たり前に見えながら、実際には忘れがちな点だと言えます。私たちは多くの場合、運動と聞いて、スポーツ種目に見られる運動をイメージしてしまうからです。

たとえば、先ほど挙げた学校の休み時間や健康のための運動の例を考えてみても、そこで暗黙のうちに想定されていた運動は、ドッヂボールやランニングのような、スポーツに直結したものばかりだったのではないでしょうか。しかし、本当はそこで「ストレッチ」や「散歩」や「深呼吸」のような運動がイメージされてもよいはずです。にもかかわらず、私たちの多くはスポーツ的な運動だけをイメージして、それを運動のすべてと捉えているのではないでしょうか。つまり、ここには「運動＝スポーツ」という幻想が存在しているわけです。

もちろんこの幻想は、みなさんの責任というよりも、前章で指摘したように、体育の授業で行われている運動がスポーツ種目の運動に偏っていることに影響された結果だと言えます。いずれにしても、この「運動＝スポーツ」という見方が幻想であるということは、翻って、運動は本来、スポーツという狭い範囲の話ではなく、もっと広い射程を持っているということを示しています。このような理解は、「運動ぎらい」を改めて考えるための重要な視点を、私たちに与えてくれるはずです。

「歩く」は難しくてスゴイこと

「運動＝スポーツ」は幻想であると気づくことによって、私たちは運動そのものについての理解を、さらに深めることができます。ここでは、私たちにとって身近な歩くことを例に考えてみましょう。

歩くことは、日常の生活において、朝起きてから夜寝るまで、多くの人が特に気にかけることもなく行っている運動です。この運動がどれほど当たり前になっているかは、脚をケガ（アキレス腱《けん》を切るとか、骨折するとか）して思い通りに動かせなくなると、それこそ痛いほどわかります。松葉杖や車椅子を使った経験のある人はよく知っていると思います。つまり、そのような状態になってはじめて、私たちは、自分の生活がどれほど脚に支えられていたのかを知るわけです。

このことは同時に、脚が自分の生活を支えているという「当たり前のコト」に、ケガなどを経験していない人の多くが気づいていない可能性を示唆しています。むしろ、あまりに当たり前すぎて、その重要性をほとんど認識していないとさえ言えるかもしれません。

このことを裏付けるように、私たちは通常、自分がどのように歩いているのかを、ほかの人にうまく説明できません。さらに興味深いことに、それは、ボールの投げ方や蹴り方のようなスポーツ的な運動の説明はできる人でも、です。そこにはもしかすると、歩くことよりもスポーツ的な運動の方が難しいという先入観があるのかもしれません。もちろん、歩くこととスポーツの技術にさまざまな違いがあることは事実です。しかし、私たちがつい忘れがちなことは、歩くこともとても難しい、というもう一つの事実です。

自分がどのようにして歩けるようになったのかを記憶している人は、ほとんどいません。それもそのはずで、赤ちゃんは、だいたい生後一年前後で歩き始めることが多いようです。そのためほとんどの人は、自分がどのようにして歩けるようになったのかを知りません。つまり、気づいたときには歩けるようになっているわけです。

しかし、たとえば赤ちゃんを観察したり、その成長の記録を見たりするとわかるように、彼らが歩けるようになるまでには、多くの過程があります。それは、寝返りからはじまり、ハイハイやつかまり立ちを経て、強力な重力に抗してついに自力で立ち、そして歩けるようになる、という過程です。

この例が示しているのは、私たちが「当たり前」に行っている歩くという運動も、決して簡単な運動ではなく、むしろ、長い期間の練習を必要とする、非常に複雑で高度な運動だということです。そのように考えると、スポーツの運動だけが特別ではない、ということがわかってくるはずです。

文字を書きボールを投げる、運動の豊かさ

このように、私たちの運動をスポーツという枠組みから解放してより広い文脈で理解すると、いわゆる「運動ができる」ということの意味が大きく変わります。このことは、「運動ぎらい」にも深くかかわってきます。

「運動ができる」という表現と、それとセットになる「運動ができない」という表現は、

みなさんも子どもの頃から、聞いたり言ったりしてきたと思います。特に、「運動ぎらい」や「体育ぎらい」にとって、これらの言葉はつねに意識されるものであったはずです。そして、その表現によって想定されてきた「運動」も、やはりスポーツ的な運動だったのではないでしょうか。

「運動ができるかできないか」は、多くの場合「スポーツ的な運動ができるかできないか」を意味しています。たとえば、鉄棒の逆上がりが「できる」とか、水泳の平泳ぎが「できる」とか、バレーボールのアンダーハンドパスが「できる」とかを意味しているはずです。そして、それらがうまく「できない」と、みなさんも聞いたことのあるように、（そんな名前の神経はないのに……）「運動神経が悪い」とか「運動音痴」とか言われたりするわけです。

しかし、歩くことを例に示したように、私たちはそのような「運動＝スポーツ」という幻想に囚《とら》われる必要はありません。むしろ、そのような幻想に囚われがちな私たちは、身の回りにある運動の豊かさにもっと目を向けるべきなのです。その豊かさの例は、実際には無限にあります。たとえば、「文字を書く」という一例を挙げてみても、鉛筆なのかシャープペンシルなのか、はたまたボールペンなのか毛筆なのかによって、私たちは意識せずとも、その握り方や力の入れ方を微妙に調整しています。さらに言えば、そこで文字を書きつける紙が薄いのか厚いのか、また、紙の下にある机の表面は柔らかいのか堅いのかによっても、力の調節は行われています（じゃないと破れちゃいます……）。場合によっては、紙を片手で持って宙に浮かしたまま書くことさえできます。

日常の生活ではあまり目立たないかもしれませんが、改めて見てみると、書くことのこのような多様性は、本当にスゴイことです。そのスゴさは、たとえばロボットが同じことをやる難しさを考えると際立ってきます。しかも、私たちは字を書くのと同じその手で、器用に豆腐を手の平にのせて包丁で切ったり、縫い物をしたり、牛乳パックを爆発しないようにつかんだり、キーボードを打ったりもしているわけです。

このように「運動＝スポーツ」という幻想から解放されることによって、私たちは、自分たちが行っている運動の豊かさに気づくことができます。もちろん、それは「スポーツ的な運動」の価値を否定することではありません。むしろ、日常のさまざまな運動の延長線上に、スポーツ的な運動という一つの運動を位置づけ直すことだと言えます。

つまり、鉛筆で文字を書くことの延長線上に、ボールを投げたりキャッチしたりすることがある、ということなのです。

できるようになる＝身体技法の獲得

とはいえ、まだ「運動＝スポーツ」という幻想から抜け出せていない人は、文字を書くこととボールを投げることのつながりに、イマイチ納得できないかもしれません。そんなときは、こう考えてみてください。ボールを投げたりキャッチしたりすることについて、初心者からプロスポーツ選手の間に無限のグラデーションがあるように、文字を書くことにも、子どもからプロの書道家まで、同じように無限のグラデーションがあります。そのように両者の運動を捉えてみると、そこに一つの共通点を見出すことができます。それは、文字を書くことから歩くこと、そしてスポーツまでのあらゆる運動が、練習によって上達していくという特徴を持っていることです。このように言うと、えらく当たり前のように聞こえますが、実際のところ、「練習によって上達する」ことの裏では何が起きているのでしょうか。

練習すると上手になる。これは、私たちの誰もが知っている法則のようなものです。この法則を信じているからこそ、スポーツや音楽などに取り組む人は、毎日練習に励んでいるわけです。では、練習によって、私たちの一体何が変わるのでしょうか。

それは、私たちの「からだ」です。もう少し厳密に言うと、私たちの「からだの使い方」が変わっているのです。このからだの使い方を意味する専門用語に、「身体技法」というものがあります。「ギホウ」なんて言うと少し難しそうな感じがしますが、この言葉は、歩き方や立ち方、さらには座り方などをも含めた、私たちのからだの使い方全般を意味するものです。

たとえば、畳の文化と椅子の文化では、「座る」ときのからだの使い方がまったく異なっています。畳の部屋でする正座などは、まさに一つの身体技法です。ほかにも有名なところでは、挨拶の際にお辞儀をしたりハグをしたりすることも、文化によって異なる身体技法の典型だと言えます。そして、このように考えてみると、私たちは日々の生活を送るなかで、さまざまな身体技法を獲得してきていることがわかります。

一つの身体技法としてのスポーツ

スポーツの場合も文字を書く場合も、練習を積み重ねることによって変わるのは、私たち自身のからだの使い方です。つまり、いずれの場合もある身体技法が獲得されているわけです。

たとえば、（第三章で述べた英語の例のような）新しい言語を学ぶときのことを想像してみてください。生まれてはじめて「A」という文字を書くとき、その一筆一筆を目で見て、お手本と同じかを確認しながら、手を動かして書くはずです。しかし、それを一度からだが覚えてしまえば、私たちは、そこまで集中して「A」の文字を見なくとも、場合によってはよそ見をしながらでもその文字を書けてしまうようになります。考え事をしながら歩いても目的地にたどり着けることも、これと似ています。

なぜそのようなことができるのかと言えば、それは、私たちのからだがそのように変わり、新しい身体技法を獲得したからです。このことは、スポーツの運動でもまったく同じです。たとえば、はじめてバスケットボールでドリブルをするとき、私たちはそのボールを一所懸命に見て、なんとか自分の手でボールをコントロールしようとします。

しかし、そんなことをしているプロのバスケットボール選手はいません。なぜなら、彼らはその練習を繰り返すことによって、自分のからだで、その動きを覚えているからです。だから、彼らはボールを見ずにドリブルをしたりパスをしたりできるわけです。

もちろん、練習によってからだが変わり、それによってある運動に慣れていくという過程は、決してスポーツに限られません。楽器の演奏でも、漫画を描くことでも、そして歩くことについても、まったく同じです。大切なので繰り返しますが、それらの運動ができるようになるとは、一つの身体技法を獲得することであり、それはほかでもなく、私たち自身のからだが変わるということなのです。

階段かエレベーターか、からだが選んでいる

この「からだが変わる」ということをさらに理解するために、階段とエレベーターの例を挙げて考えてみます。次のような思考実験です。

みなさんは今、電車に乗ろうして、ちょうど駅に着いたところです。改札は一階ですがホームは二階にあります。改札を通過したみなさんには、ホームに行く手段が三つあ

ります。階段で上がる、エスカレーターで上がる、エレベーターで上がる、の三つです。さて、みなさんはどれを選びますか？

「そんなのそのときの気分でしょ？」という意見には同意したくなりますが、ここで考えてみたいことは、その「気分」とは一体何かという点です。たとえば、次の日に楽しい旅行を控えていてルンルンの気分の日には、階段を使うかもしれません。反対に、部活や勉強を一日中頑張ってヘトヘトな気分のときは、エスカレーターや、場合によってはエレベーターを使うかもしれません。

これらの例が示しているのは、多くの場合、私たちはそのときどきのいろいろな気分に基づいて、自分の意志で階段やエレベーターを選択している、ということです。確かに、そのように考えることが一般的だと思いますし、実際にそうしていることも事実です。しかし、それだけでは、現実の捉え方として不十分であると言わなければなりません。一体、なぜなのでしょうか。

問題は、「からだ」に関する視点が抜け落ちていることにあります。つまり、本当は、私たちが自分の意志で階段かエレベーターかという選択をする前提に、私たち自身のからだが存在している、ということです。

先ほど挙げた、脚のケガの話を思い出してみてください。たとえばみなさんがアキレス腱を切ってしまい、ギプスを装着して両手に松葉杖を使っていた場合、みなさんは、階段という選択肢を選ぶことはできません。いえ、もっと正確に言えば、そもそもその選択肢自体が存在していないのです。このことは、自力で階段を登ることのできない赤ちゃんの場合も同様です。つまり、私たちは自らのからだの在り方によって、思考や判断に大きな影響を受けています。言い換えると、自分のからだの在り方が、私たちが物事を考えたり感じたりすることの枠組みになっているということです。

からだが変わると世界が変わる

このように考えると、私たちのからだの重要性が浮かび上がってきます。なぜなら、私たちのモノの感じ方や見方、さらには考え方が、もし私たち自身のからだの在り方に影響を受けているのだとすると、それは同時に、次のことを意味するからです。すなわち、私たちのからだが変わると、私たちの経験する世界も変わる、ということです。

ここで言う「世界」は、地図や地球儀に描いてあるものを意味しているわけではありません。そうではなく、私たちが毎日を生きているなかで身の回りに経験している具体的な物事を、ここでは世界と呼んでいます。たとえば、学校も家庭も世界ですし、先生や友達、さらには家族も、その世界の一部だと言えます。重要なことは、その世界はみなさん一人ひとりによってリアルに経験されている、という点です。だからこそ、みなさんのからだが変わると、みなさんが経験することのできる世界も変わるのです。

先ほどの階段とエレベーターの例で言えば、自力で歩けるようになった赤ちゃんが、歩くという運動にさらに習熟し、階段を登ることのできるからだに変わることによって、その子の世界に階段という選択肢がはじめて現れます。逆に言えば、それまでその子の世界には、階段は存在しておらず、それは大人に抱っことかおんぶとかをしてもらって登る対象でしかなかったわけです。

この例は、運動と私たちとの関係について、一つの重要なことを教えてくれます。それは、私たちのからだがある運動のできるからだに変わることによって、私たちの経験する世界がどんどん豊かになっていくということです。このような変化は、赤ちゃんがハイハイから歩けるようになることや、落書きが文字に変わること、そして、ボール投げがキャッチボールに変わること、すべてにおいて起きています。大切なので繰り返しますが、運動ができるようになることは、決してスポーツがうまくなることだけを意味しているわけでなく、私たち自身の経験できる世界を豊かにすることなのです。

運動って面白いはず

そうだとすると、新たな運動ができるようになることは、「運動ぎらい」の人が感じているように苦しかったり辛かったりすることではなく、むしろ、かなり面白い出来事なのではないでしょうか。なぜなら、それは今までに経験したことのない世界が見えたり感じられたりするようになることを意味しているからです。このことは、子どもが何かに夢中になって遊んでいる姿を見るとよくわかります。

小さな子どもは、同じことを何回も何回も繰り返し、楽しそうに遊ぶことがあります。たとえば、第一章の最後に挙げた小学一年生の体育授業の例などは、まさにその典型です。彼らはなぜ、先生の指示がなくとも、飽きることなくずっと飛び跳ねていたのでしょうか。その一つの理由は、運動によって見えたり感じられたりする世界がどんどん変わり、そこで彼らが新しい世界を体感していたからだと考えることができます。つまり、一見ただの繰り返しに見える運動が、子どもたちにとってはこれ以上ないほどに楽しい経験になっていたということです。

私たち大人から見ると、そのような同じ運動の繰り返しは、何が楽しいのかわかりませんし、そもそも子どもたちがなぜ飽きないのかも不思議に思えます。このことが示唆しているのは、私たち大人が、成長するにつれて頭でっかちになり過ぎている、ということなのかもしれません。「これは○○の役に立つ」とか、「これをすれば○○になる」とか、そういったことばかりを考えてしまい、自分のからだを変え、自分の経験する世界を変える面白さを忘れてしまっているのかもしれません。

はじめて歩けたとき、はじめて自転車に乗れたとき、はじめてボールを投げたとき。私たちは、その面白かったはずの記憶を、頭ではほとんどぜーんぶ忘れてしまっています。そして、その後にあった、本書で論じてきたような「イヤな思い出」によって、私たちの記憶は上書きされてしまうわけです。

でも、だからこそ、改めて私たち自身の「からだ」に着目することには、運動が生み出すそのような楽しさや面白さの原点をもう一度教えてくれる可能性があるはずです。もちろん、私たちと小さな子どもには、いろいろな違い（背負っているものとか？）がありますというよりも、同じことを探す方が難しいかもしれません。しかし、その数少ない共通点こそが、からだ、だとも言えます。赤ちゃんの頃から、私たちはこの自分のからだで生きてきたはずです。つまり、頭や心の土台にはからだがあり、私たちはそのからだで、これまでずっと生きてきたのです。

「からだが私」という考え方

第一章で「身体観」の話題に触れたように、今日の社会において、私たちは自分のからだを健康診断に代表される自然科学的な見方で捉えています。しかし、それはからだについての一つの捉え方に過ぎません。

自然科学的な捉え方では、本章で述べてきたような、私たち一人ひとりのからだが経験する豊かな世界を捉えることができません。なぜなら、たとえ身長や体重などが同じであったとしても、一人ひとりが経験する世界はまったく異なっているからです。そしてその違いは、一人ひとりのからだが異なっていることによって生み出されています。

そのような個々の違いを尊重し、自然科学的ではない立場から捉えられたからだを、「一人称視点から捉えたからだ」と呼びます。一人称視点とは、まさしく「私」の視点です。これに対して、健康診断のような客観的な指標などのことを「三人称視点」と言います。

ここで考えてみたいのは、一人称視点から捉えたからだです。この捉え方を表す簡潔な表現が、「からだが私である」というものです。はじめて聞いた人は「?」が頭に浮かぶかもしれません。それもそのはずで、私たちは通常からだではなく、頭や心、もう少し哲学的に言うと「精神」こそが、この「私」であると思っているからです。

しかし、先ほど挙げた階段とエレベーターの例を思い出してみてください。そこでは、私たちの思考や判断、そしてモノの感じ方までもが、私たち自身のからだに影響されていることが明らかになりました。その思考や判断などは、まさに、私たちの精神の働きです。つまり、精神の働きがからだによって左右されているわけですから、むしろ、

「私はからだである」と言った方が適切なことになります。

（なんだかだまされている気がするかもしれませんが）ここで重要なことは、一般的に思われているように心や頭だけでなく、むしろ「からだが私」という見方があることを、まずは知ることです。これは、からだをモノとして捉えていた自然科学的な身体観とは異なる、もう一つの見方です。では、この「からだが私」という見方は、「運動ぎらい」や「体育ぎらい」にどのようにかかわるのでしょうか。

からだが変わるとは私が変わること

本書も、いよいよ佳境にさしかかってきました。先ほど二つ前の節で、「からだが変わると、世界が変わる」というお話をしました。ここに「からだが私」という見方を付け加えると、ちょうど「からだが変わる」と「世界が変わる」の間に、「私が変わる」を位置づけることができます。

このように、運動によってからだが変わり、その結果として私が変わることとは、「運動ぎらい」や「体育ぎらい」に深くかかわっています。なぜなら、私や私が経験する世界が変わることは、先ほど述べたように面白い可能性がある反面、怖いという感覚を呼び起こす可能性もあるからです。これは、一体どういうことでしょうか。

「私が変わる」ことがなぜ怖いのか。その理由は、それまでに作り上げてきた「私」が壊されてしまうからです。そのように変わることを「メタモルフォーゼ」と呼びます。日本語では、「変身」とか「変態」という意味です。たとえば、幼虫がさなぎになり、さなぎが蝶《ちょう》へと変わっていくことが、「メタモルフォーゼ＝変態」です。それはまさに、ある主体そのものが、ガラッと変わってしまうことです。

もちろん、私たち人間は成長したからといって、さなぎになったり羽が生えたりはしません。その意味では、人間のメタモルフォーゼは、外から（三人称視点で）はわかりにくいと言えるかもしれません。だからこそ、私たちは身長や体重のようなわかりやすい客観的基準に、ついつい惹《ひ》きつけられてしまうのでしょう。しかし繰り返しますが、それはからだの一面に過ぎません。本章で論じてきたように、見えないところで私たちのからだ、つまり私たちは、確実に変わっているのです。

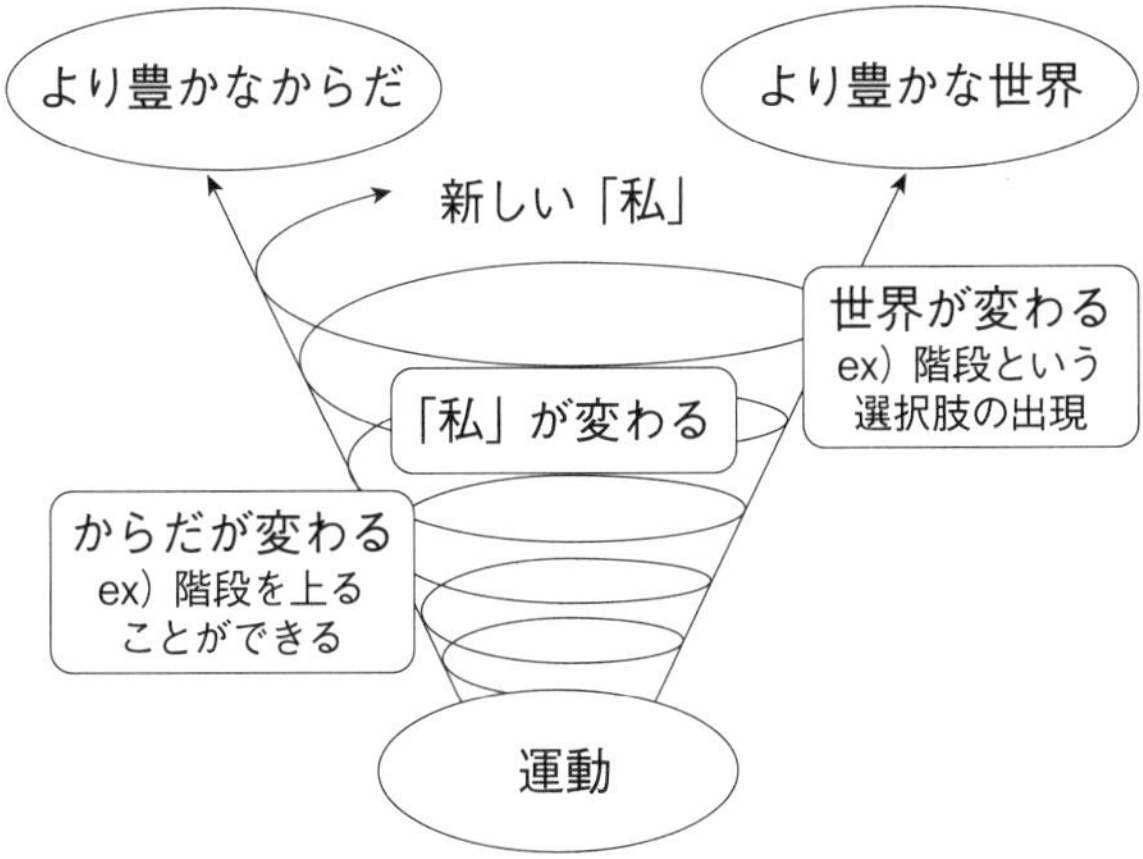

運動で変わる、からだ・私・世界

変わることは怖いこと？

このことを、運動や体育との関係で考えてみましょう。たとえば、跳び箱を跳ぶことが怖いと感じる人は少なくありません。原因としては、跳び箱の高さや、そこから落下したときの衝撃や痛みなどが一般的には考えられます。しかし、それと同時に、その高さから見える世界や、落下したときに感じられる世界は、それまでには経験したことのないものでもあります。そして、だからこそ、それらの運動は怖いわけです。

この点は、「運動ぎらい」や「体育ぎらい」に深くかかわっています。特に、今現在の自分の状態から変わりたくない人にとっては、その人とその人の経験する世界を変えてしまう運動は、できれば避けたい対象になります。つまりそのとき、運動はイヤで「嫌い」な対象になるわけです。「運動ぎらい」が抱く怖いという感情は、ある面では、このような運動の自己破壊性から導かれるものなのです。さらに言うと、からだが変わることは、心や頭が変わることの土台にありました。それゆえ、からだの変化はより根源的な出来事であり、それだけ深い怖さを伴うと言えます。

前章で見たように、体育がスポーツとは異なり、みなさんのからだを変えることを目指していることを踏まえると、運動のこの根源的な怖さに、「運動ぎらい」と「体育ぎらい」が密接に結びつく、一つの、そして本質的な理由を指摘することができます。つまり、からだが変わることによる根源的な怖さこそが、「体育ぎらい」を目立たせる強烈な何かの正体であるということです。

力を入れるだけでなく抜くことも大事

さて、このように考えてくると、「えっ？　じゃあ運動は結局怖いものっていう結論なの？」という疑問が浮かんできますが、もちろん、そんなことはありません。それではあまりに救いのない悲劇になってしまいますので、そのような絶望の道ではなく、希望の轍《わだち》を作って、本書のまとめに向かって行きたいと思います。

そのヒントは、前章で触れた体育とスポーツの違いにあります。現在の中学校や高等学校で行われている体育は、あまりにスポーツの運動に偏り過ぎています。確かに、スポーツの運動もまた、生徒のからだを変え、新しい世界を経験できるようにする可能性を持っています。ただしそれは、こう言ってよければ、やはり偏ったやり方です。

わかりやすく対比的に言うと、スポーツの多くの運動は、基本的にからだに力を入れる運動です。少し言い換えると、いわゆる「全力」で動くことが求められるということです。このことは、前章で触れたオリンピックが、「より速く、より高く、より強く」をモットーとしてきたことに象徴的に表れています。もちろん、これは緊張などで「力《りき》む」こととは違いますが、基本的にはやはり「全力」を目指すものです。

しかし、第二章で「体ほぐしの運動」にも触れたように、体育には力を入れるだけではない運動もあるはずです。いえ、むしろ「スポーツ的な運動」ばかり行われている今の体育には、力を入れるのではなく、反対に力を抜く運動が必要だと言えます。あまりイメージが湧かないかもしれませんので、次に具体的な例を挙げてみましょう。

体育で「寝方」を学ぶ?!

私が大学の体育の授業で実践したことのある、「からだの力を抜く運動」の一つに、「寝方」があります。寝方と聞いて、「体育の授業で寝るの?」と思うかもしれませんが、そうです、その寝方です。もちろん、ただ居眠りをして授業の時間を過ごすわけではありません。寝「方」という言葉に含意されているように、それはまさしく、私たちのからだの使い方であり、つまりは一つの身体技法であるわけです。

改めて考えてみると、私たちは人生の多くの時間を寝て過ごしていることがわかります。たとえば、一日に六時間寝ている人は一日の二五％は寝ているわけですし、八時間くらい寝ている人もいると思います。私たちは人生のおよそ三分の一から四分の一の時間を睡眠に当てているのです。そして、「体育ぎらい」にかかわってより重要なことは、スポーツ的な運動をしている時間よりも、むしろ、寝ている時間の方が圧倒的に長いということです。だとすれば、その時間をどのように過ごすかが、私たちの人生にとってどれほど重要であるかは、明らかではないでしょうか。

でも、不思議なことに、寝ることに関するからだの使い方を体育で習うことは、ほとんどありません。反対に、人生に占める時間は圧倒的に短いスポーツ的な運動のためのからだの使い方ばかりが、体育で行われているわけです。実際に、私の授業で寝方を実践した学生からは、「体育の授業でこんなにリラックスしたのは、生まれてはじめてでした」というコメントが寄せられます。まさに、これまで学校で受けてきた体育が、いかに「力を入れる」ことに偏っていたかを象徴していると思います。

もちろん、成長期の子どもたちにはある程度の負荷を伴った運動、つまり、力を入れる運動が必要です。しかし、それと同時に、意図的に力を抜く運動も同じくらい重要だということを、ここで強調しておきたいと思います。なぜなら、力を抜くことによっても、私たちのからだは確実に変わるからです。

みなさんが自分自身を変えたい、つまりは変わりたいと思ったとき、力を抜く運動によって自分のからだを変えていくことは、とても有効な方法になる可能性があります。このことは、一般的にも理解されているようです。ただしそれは「リラックス」や「ストレス解消」という言葉で表現されることが多いと思います。しかし、本章の議論からも明らかなように、その「リラックス」や「ストレス解消」のために行われるものは、紛れもなく私たち自身のからだの運動です。ということは、それらの言葉も「からだを変える」ことの重要性を間接的に示しているわけです。

さらに言えば、力を抜いてからだが変わることは、必ずしも怖い経験にはなりません。むしろ気持ちのよい、心地よい経験となるはずです。たとえば、寝方の実践では、からだの関節一つひとつの力を抜いていったり、いつもより少しだけ深く呼吸をしてみたり、知らぬ間に奥歯を噛《か》み締めていることに気づいたりします。[10] そのような実践は、私たちが経験する世界を少しずつ豊かにしていきます。

強くでも速くでもなく「賢く」

そのように豊かな経験ができるからだの在り方を、「賢いからだ[11]」と表現することができます。これも、ちょっと不思議な言葉です。だって「賢い」という言葉は、普通はからだじゃなくて頭の話だからです。でも、「からだが私」という見方をすでに獲得している私たちは、この言葉を理解することができるはずです。そうです、頭だけでなく、からだも賢くなれるのです。

ここで言われる「賢い」の具体的な内容は、先ほど述べたように、力を入れるだけでなく、抜くことも大切であるということに深くかかわっています。つまり、自分のからだで、まわりの人やモノに合わせてうまく動けることが、「賢い」ということの内実です。もちろん、そこにはスポーツ的な運動の技能も含まれてはいます。ボールなどの道具をうまく扱えることも、一つのからだの「賢さ」です。

ただし、それは私たちのからだの「賢さ」の、ほんの一つの現れでしかありません。からだの賢さには、ほかにもさまざまなことがあります。たとえば、人と握手をするときにどのような力加減で相手の手を握るのかは、頭でいろいろと考えてやるものではありません。相手の手を握った瞬間に、もっと正確に言えば、握りながら「私たち＝からだ」はその加減を判断し、調節しているはずです。当たり前ですが、そこで「全力」を出す必要はないわけです。

このことは、場にふさわしい声の出し方であったり、関係に応じた他者との距離の取り方であったり、さらには、長時間でも疲れにくい座り方や立ち方に至るまで、すべて同じように考えることができます。実際に私たちは、他者と接することが上手な人を「やわらかい」や「柔軟」、さらには「人当たりのよい」といった言葉で表現します。これらの表現は単なる比喩ではなく、そのように絶妙な加減で力を入れたり抜いたりすることができているからだの在り方を、適切に言い表したものです。その意味において「賢いからだ」は、他者とうまく接することを、その土台として支えているのです。ちなみに、最近では「非言語コミュニケーション」や「非認知能力」などの重要性が盛んに主張されていますが、それらも基本的には「賢いからだ」の話だと言えます。

この「からだ」で動きながら生きていく

本章では「運動ぎらい」のことを考えながら、私たち自身の「からだ」の話へと進んできました。最後に改めて、なぜ私たちの「からだ」を考えることが重要なのかについてまとめてみたいと思います。

みなさんもご存じのように、ＡＩ（人工知能）などに代表される情報技術の進展やその普及には、目をみはるものがあります。しかし、それでも今のところ、私たちは生まれ持ったこの「からだ」で、スポーツに限らずいろいろな運動をしながら、一生を生きていくしかありません。これは、紛れもない事実です。むしろ、この事実が変わるとしたら、それはこの社会のあらゆることが変わることを意味します。なぜなら、それは私たち「人間」という存在自体が、根本から変わってしまうことと同義だからです。

（個人的にはそのような社会にはならないと思っていますが）今後、社会が変わっていく可能性は否定できません。ただ、少なくともそれまでは、私たちは自分自身のからだで、飲み、食べ、学び、遊び、働き、争い、そして愛し合いながら生きていかなければなりません。たとえVR（仮想現実）やメタバースなどの技術がどれほど普及したとしても、実際にそれらを経験するのは、結局のところ私たち一人ひとりのこの「からだ」です。つまり、最終的に還ってくるところは、この「からだ」しかないのです。だからこそ、第一章でも述べたように、私たち一人ひとりの「からだ」は「かけがえのない」存在なのです。

本章で検討した運動は、そのからだを変えることに深くかかわっています。このことは、よいとか悪いとか、好きとか嫌いとかを超えて、一つの事実です。そして、その運動をスポーツ的な運動に限定して捉えることは、もうやめにしましょう。本章で論じてきたように、本来、運動はもっと広く、もっと豊かで、もっと面白いもののはずです。それは、私たちのからだを変える可能性があるからこそ、ときに怖さを伴いながらも、私たち自身の可能性を豊かに拓《ひら》いていくものでもあります。「からだが私」という視点に立ってみると、運動も案外捨てたものではなく、むしろ、私たちが生まれたときからつねに離れることなく一緒にいる、意外と大切なやつなんだと思えてこないでしょうか。

そして、このような視点から「体育ぎらい」について言えることは、私たちのからだを変えることが本来の意味での「体育」であるならば、学校の体育の授業はそのなかの随分と狭い世界の話だということです。本当は歩くことも寝ることも、みんな立派な運動です。そのように考えると、運動という概念と同じように、本来は「体育」そのものも、私たちが思っている以上に、広く豊かな意味を持っているはずです。だからこそ、狭い意味での「「体育」なんて好きにならなくてもいい」というのが、本書のメッセージだったわけです。

たとえ学校の体育の授業が嫌いであったとしても、それは運動や「体育」、そしてみなさんの「からだ」にかかわる現実の、ほんの一部でしかありません。したがって、そのせいでこれから何十年と続くみなさんの人生のなかで、からだが変わり、多くの新しい経験ができる可能性を閉ざしてしまうのはあまりにもったいないと、一人の体育の先生として思います。「からだを豊かに変えていくこと」としての本当の「体育」は、もっと自由で、もっと面白く、そして、きっとすばらしいものだと思うのです。

おわりに

走れない彼と一緒に、ひたすら歩いた授業

本書を執筆している間、「体育ぎらい」のことを考えていたわけですが、特に一人の生徒との思い出が、私の頭のなかにはずっとありました。それは、私がかつて中学校で保健体育の授業を担当していたときのことです。

その生徒はいわゆる重度の肥満体型で、運動は得意ではないし、それこそ「動くのもイヤ」といった様子で、まさに「体育ぎらい」の典型のような生徒でした。その生徒との思い出で一番記憶に残っているのは、長距離走の授業を行ったときのことです。

実際のところ、その生徒は走るのが嫌いなのはもちろん、辞書的な意味での「走る」という運動、すなわち、両方の足が一瞬でも同時に浮いている状態をつくること、さえままならないような状況でした。その生徒が一五〇〇メートルを走るのは、当然のことながら至難の業、というか、ハッキリ言ってムリだったわけです。

当時の私は、とりあえず一時間の授業中、ひたすら一緒に歩くことにしました。歩いている間、彼とはいろいろな話をしました。次の時間も、その次の時間も、とにかく一緒に歩き続けました。ほかの生徒が一〇〇〇メートルや一五〇〇メートルを走っているなかで、です。もしかするとほかの生徒たちのなかには、それを見て「あいつだけ楽をして、ずるい」と思った人もいたかもしれません。

今振り返っても、それが正しい対応だったのかは正直なところよくわかりません。でも、少なくとも当時の私は、その走れない彼のからだをどうしたら少しずつでも変えることができるか、つまり、どうやって彼に新しい世界を見せることができるのかを考えて、そのような行動をとっていたのだと思います。そして、この思い出を振り返ってはじめて気づいたのですが、私はそのとき、彼に「体育」を好きになってほしいとはまったく思っていませんでした。私はすでにそのときから、「「体育」なんて好きにならなくていい」と思って、「体育」の授業をしていたということです。

もちろん、そのとき、ほかの生徒への指導は十分にできていなかったかもしれません。彼らにも同じように手厚く指導ができていれば、彼らのからだを変え、彼らにもっと豊かな世界を見せることもできたかもしれません。その点については、当時もとても悩んだ記憶があります。ただ同時に、きっとあのクラスのなかで、自分のからだで生きていくことに一番困難を抱えていたのは、間違いなく、一緒に歩いた彼だったとも思うわけです。だからこそ、彼と一緒にひたすら歩いたあの数時間は、私が本書で「体育ぎらい」を考えたことの、その根本のところに有り続けています。

「からだ」は嫌いにならないで！

本書では「体育ぎらい」の原因や背景を、体育の授業や先生、また運動部活動やスポーツ、そして運動といった観点から考えました。どうでしょうか、それらを通して、「体育ぎらい」に関する理解は深まったでしょうか。また、それによってみなさんの「体育」についての見方も、少しは変わったでしょうか。

……と、偉そうにいろいろと述べてきましたが、正直なところ、「体育」って一体なんなのか、私はいまだによくわかりません。いきなりなんの告白かと思うかもしれませんが、本当にわからないのです。本書でみなさんにお話しした内容も、実際は体育の世界のほんの一部にすぎません。ただし、それは決して悪いことではなく、体育が広く豊かな世界をもっていることの裏返しだと言えます。私が体育の研究を続けているのも、その底知れぬ豊かさに魅了されているからだと思います。

「体育」はスポーツとイコールのものではありませんし、また、学校の授業に限定されるものでもありません。それらよりも、はるかに広い意味を持っています。そして、私たち人間が毎日の生活をこの自分のからだで生きている以上、「体育」は私たちにとってなくてはならないものです。

勉強をするためにも、部活をするためにも、仕事をするためにも、デートをするためにも、さらに、ワンちゃんと散歩をするためにも、オリンピックに出るためにも、そして、しっかりと眠るためにも、私たちには自分のからだが必要ですし、そのからだを「賢く」することが有効なはずです。なぜなら、いずれの活動においても、からだが隠れた主役になっているからです。つまり、私たちのからだは、私たち一人ひとりの人生を土台のところで支えているのです。

しかし、（本書ではあまり論じられませんでしたが）そのからだは、現代の社会ではさまざまな危機に曝《さら》されてもいます。たとえば、外見を気にしすぎるがあまり、過度のダイエットや度重なる整形手術などによって、自身のからだを傷つけている人が少なくありません。また、他者のからだについても、「ルッキズム」という言葉が聞かれるように、それが中傷や差別の対象になることもしばしばです。最近よく見られる美容や健康を謳《うた》う、というよりも煽るネットの広告やＣＭは、そのような状況をさらに悪化させていると思います。加えて、最先端の情報技術は、ともすれば私たちのからだが不要であるかのような印象さえ与えています。

もちろん、これらのことは個人で解決できる問題ではないかもしれません。しかし、それでもあえて言えば、私たち一人ひとりが自分や他者のからだの尊さを、他者とのかかわりを含めたさまざまな運動の経験を通して、実感を伴って理解することが、これらの問題の解決につながっていくと思います。本書で述べたように、その尊さ、すなわち「かけがえのなさ」は、同時に「かえられなさ」でもあります。だからこそ、その大切さを「身をもって知る」ことは、私たち一人ひとりの個性を尊重することに、たとえ遠回りでも、必ずつながっていくはずです。

そのように考えると、ボールが蹴れるかどうかや速く走れるかどうかは、実際はたいした問題ではないということがわかると思います。本来の意味での「体育」において、それらはあくまでも、みなさんのからだを変え、賢くするための手段に過ぎません。もちろん、新しい運動ができるようになることは、そのからだで新しい世界を見ることができるようになることでもあります。だから、それは面白いし、楽しくもあります。

しかし、繰り返しますが、それはあくまでも、からだが変わるための一つの方法です。そして、その方法はほかにもいくらでもあります。ですから、みなさんがもし、体育の授業や先生、また運動部やスポーツにかかわるなかで、いろいろ頑張った結果、もうどうしても耐えられないときは、「「体育」なんて好きにならなくてもいい」のです。最も重要なことは、みなさんが多様な他者とともに、自分自身のからだで、賢く、幸せに生きていくことです。そのためにも、たとえ体育の授業や先生、運動部やスポーツが嫌いになったとしても、みなさん自身のからだだけは、どうか嫌いにならないでください。これは、一人の変わった体育の先生からの、ちゃんとしたお願いです。

さいごに

自分が「体育ぎらい」についての本を書くとは、これっぽっちも考えたことがありませんでした。なぜかというと、先ほども述べたように、私は体育の先生でありながら、「「体育」なんて好きにならなくてもいい」と、ずっと思ってきた（みたいだ）からです。児童生徒のからだが変わりさえすれば、「体育が嫌い」でもよいと思っていたわけです。

しかし、「はじめに」や第一章でも述べたように、それは「体育」にかかわるさまざまなことがごちゃ混ぜの状態（タコ焼きの例です！）で、「体育なんてどうでもいい」と考えることではありませんでした。たとえそのいろいろなことが嫌いだとしても、みなさん自身のからだを豊かに変えていく可能性は閉ざさないでほしい。このメッセージを「体育ぎらい」の人に伝えなくてはいけないということに、本書の執筆を進めるなかで改めて強く気づかされました。そのような機会をくださった筑摩書房の甲斐いづみさんに、この場を借りてお礼申し上げます。どうしてもふざけてしまいがちな私の文章を、読むに耐えうる形に（なったかどうかはわかりませんが）なるよう、丁寧なサポートをいただき、本当にありがとうございました。また、甲斐さんと私の接点を生んでくださった、元大修館書店の阿部恭和さんにも感謝申し上げます。さらに、「はじめに」にも登場してもらった、妻にお礼を。いつも一番に原稿を読んで、小学校の先生の立場から、ときに厳しい、そしてときに「いい加減な」コメントを寄せてくれました。なお、本書の内容の一部はＪＳＰＳ科研費ＪＰ２３Ｋ１２７６３の助成を受けたものです。

本書によって、一人でも多くの「体育ぎらい」の人が、たとえすぐにではなくとも、いつか、ほんの少しでも救われることがあれば、これ以上うれしいことはありません。そのままぜひ「体育好き」に……はならなくてよいので、「やっぱり「体育」なんて好きじゃない」と言いながら、そのからだで、賢く、幸せに生きていってください。

二〇二三年六月　筑波山のお隣の宝篋山《ほうきょうさん》がぎりぎり見えない自宅にて

坂本拓弥

注

1 学研教育総合研究所（二〇二一）小学生白書：２０２１年8月調査。https://www.gakken.co.jp/kyouikusouken/whitepaper/202108/chapter8/01.html（最終参照日：二〇二二年一〇月二五日）。

2 学研教育総合研究所（一九八九）小学生白書：１９８９年調査。https://www.gakken.co.jp/kyouikusouken/whitepaper/198900/chapter4/01.html（最終参照日：二〇二二年一〇月二五日）。

3 文部省初等中等教育局（一九八六）いじめ問題に関する指導状況等に関する調査結果について。教育委員会月報。三八（一）：四六—五五頁。

4 東京都教育委員会（二〇一九）平成三〇年度に発生した都内公立学校における体罰の実態把握について。https://www.kyoiku.metro.tokyo.lg.jp/press/press_release/2019/release190620_02.html（最終参照日：二〇二三年一月二三日）。

5 大熊廣明、一九八八年、「体操科教員の養成」、成田十次郎編『スポーツと教育の歴史』、不昧堂出版、八六頁。

6 中井隆司ほか、一九九六年、「体育教師のイメージに関する研究」：特に、大学生の中学・高校時代の体育教師に対する回顧的分析を通して。スポーツ教育学研究、一六（二）：一二五—一三五頁。

7 笹川スポーツ財団（二〇一九）子ども・青少年のスポーツライフ・データ２０１９：４～21歳のスポーツライフに関する調査報告書。四一頁。

8 ＮＨＫ（二〇二二）中学生の運動部入部率37道県で過去最低に。https://www3.nhk.or.jp/news/html/20221110/k10013886381000.html（最終閲覧日二〇二三年二月一九日）。

9　坂本拓弥・鈴木明哲・高峰修・菊幸一（二〇二〇）Sport In Japan：体育・スポーツの危機と闇に対峙する。体育学研究、64（Report）、5。
10　遠藤卓郎、二〇〇六年、「心地よく息をする」（二章一、［一］）、日本養生学会編『健康なからだの基礎：養生の実践』、市村出版。三〇―三九頁。
11　滝沢文雄（一九九八）実践的能力としての［からだ］の賢さ：身体についての現象学的考察。体育学研究、四三（二）、七九―九〇頁。

ちくまプリマー新書

405
「みんな違ってみんないい」のか？
――相対主義と普遍主義の問題
山口裕之
他人との関係を切り捨てるのでもなく、自分と異なる考えを否定するのでもなく――「正しさ」とは何か、それはどのようにして作られていくものかを考える。

146
スポーツを仕事にする！
生島淳
選手以外にもこんな道が！　急増する大学のスポーツ関連学科や、急成長する職業の今をレポート。イチローのトレーナーやメダリストの広報などへのインタビューも。

264
冒険登山のすすめ
――最低限の装備で自然を楽しむ
米山悟
日常生活の便利さを手放して、自然に身を置けば、眠っていた冒険心が目を覚ます！　はじめての山行は住まいの近くから、いつかは冬山でイグルー泊をしてみよう。

298
99％の人が速くなる走り方
平岩時雄
体育も部活もまずは走るところからスタート。それなのに、きちんとした走り方を実は教わっていない。正しく走る技術を習得すればあなたも必ず速くなる！

380
自分をたいせつにする本
服部みれい
からだを温める。深く呼吸する。自分と打ち合わせをする。自分の年表を作る。体や心をたいせつにするワークで、自分の気持ちに気づいてなりたい自分になる。

ちくまプリマー新書

352
部活魂！
この文化部がすごい
読売中高生新聞編集室
運動部だけが部活じゃない！　全国の様々な文化部でも、仲間と熱くなり、時には対立しながら、成長を遂げていくドラマがある。心を震わせる情熱ノンフィクション。

401
学校はなぜ退屈でなぜ大切なのか
広田照幸
「道徳は教えられるか」「学校の勉強は仕事に役立つか」「教育は格差を解消できるか」「ＡＩ社会で教育は変わるか」――広い視点と多様な角度からとらえなおす。

424
偏差値45からの大学の選び方
山内太地
「有名大に行きたい」と思うけれど、合格するのは上位数％だけ。だから重要なのは「第２志望」の選び方を知ること。足りないのは努力でもお金でもなく情報だ！

336
ダイエット幻想
――やせること、愛されること
磯野真穂
モテたい、選ばれたい、認められたい……。ダイエットの動機は様々だけど、その強い思いで生きづらくなっていませんか？　食べると生きるをいま見つめなおそう！

404
やらかした時にどうするか
畑村洋太郎
どんなに注意しても、失敗を完全に防ぐことはできない。ピンチはチャンス！　失敗を分析し、糧にする方法を身につけて、果敢にチャレンジできるようになろう！

427 客観性の落とし穴　村上靖彦

「その意見って、客観的なものですか」。数値化が当たり前になった今、こうした考え方が世にはびこっている。その原因を探り、失われたものを明らかにする。

428 「死にたい」と言われたら ――自殺の心理学　末木新

日本人の約2%が自殺で死亡している。なぜ自殺は起こるのか、自殺は悪いことなのか、死にたい気持ちにどう対応するのか――心理学の知見から考える。

433 10代の脳とうまくつきあう ――非認知能力の大事な役割　森口佑介

幸福な人生のためには学力以外の能力も重要。目標の達成に関わる「実行機能」や、自信に関わる「自己効力感」など、10代で知っておきたい非認知能力を大解説！

435 はじめてのフェミニズム　デボラ・キャメロン　向井和美翻訳

女性にはどんな権利が必要？「女の仕事」はどう生まれた？　多様で複雑なフェミニズムの議論の歴史を、多様で複雑なまま、でもわかりやすく伝えます。

343 どこからが病気なの？　市原真

病気と平気の線引きはどこにあるのか？　病気のアラームとは何か？　かぜと肺炎はどう違う？　人体と病気の仕組みについて病理医ヤンデル先生がやさしく解説。

chikuma primer shinsho

ちくまプリマー新書437

体育《たいいく》がきらい

二〇二三年十月十日　初版第一刷発行

著者　坂本拓弥（さかもと・たくや）

装幀　クラフト・エヴィング商會

発行者　喜入冬子

発行所　株式会社筑摩書房
東京都台東区蔵前二-五-三　〒一一一-八七五五
電話番号　〇三-五六八七-二六〇一（代表）

印刷・製本　中央精版印刷株式会社

ISBN978-4-480-68461-5 C0237 Printed in Japan